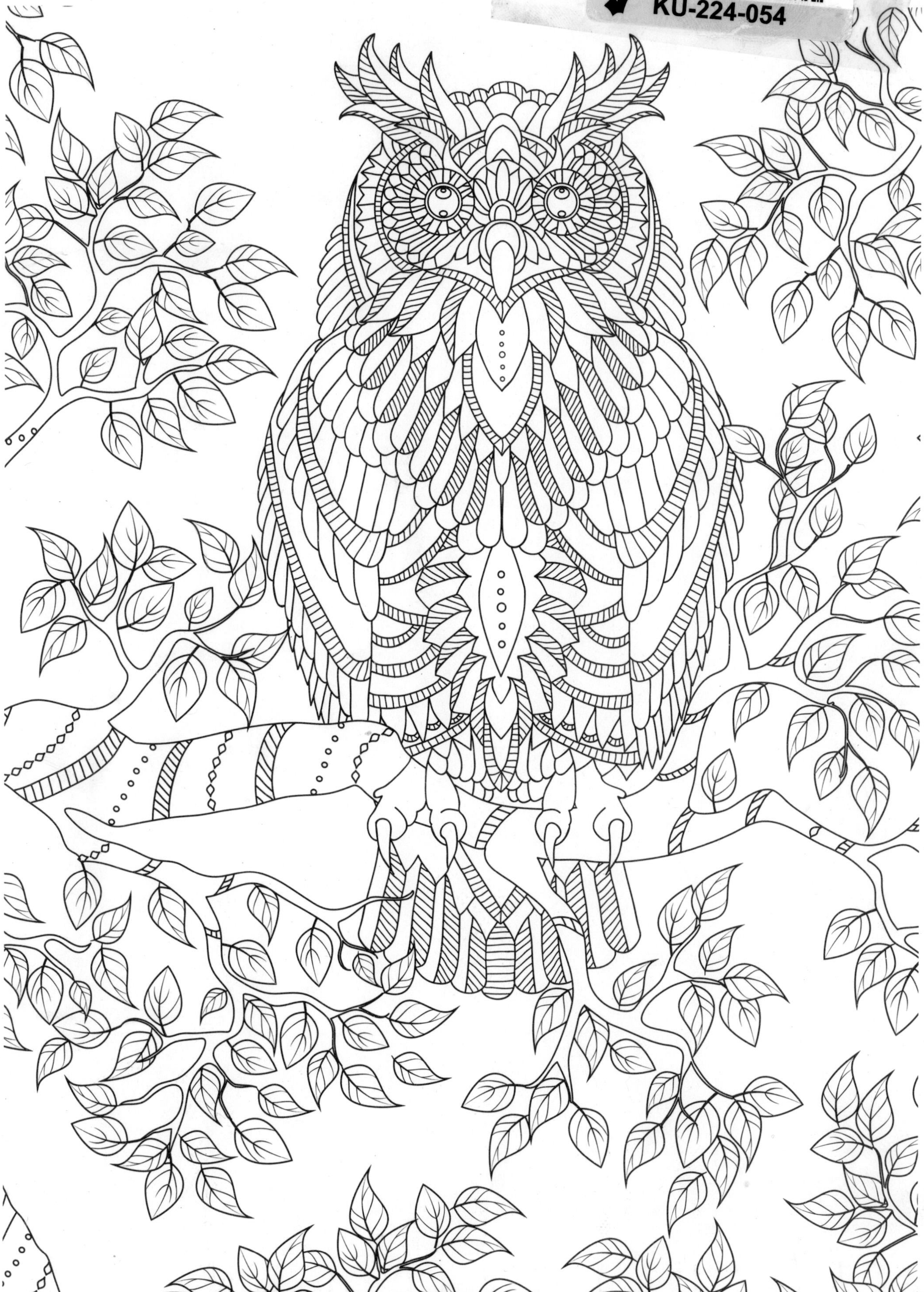

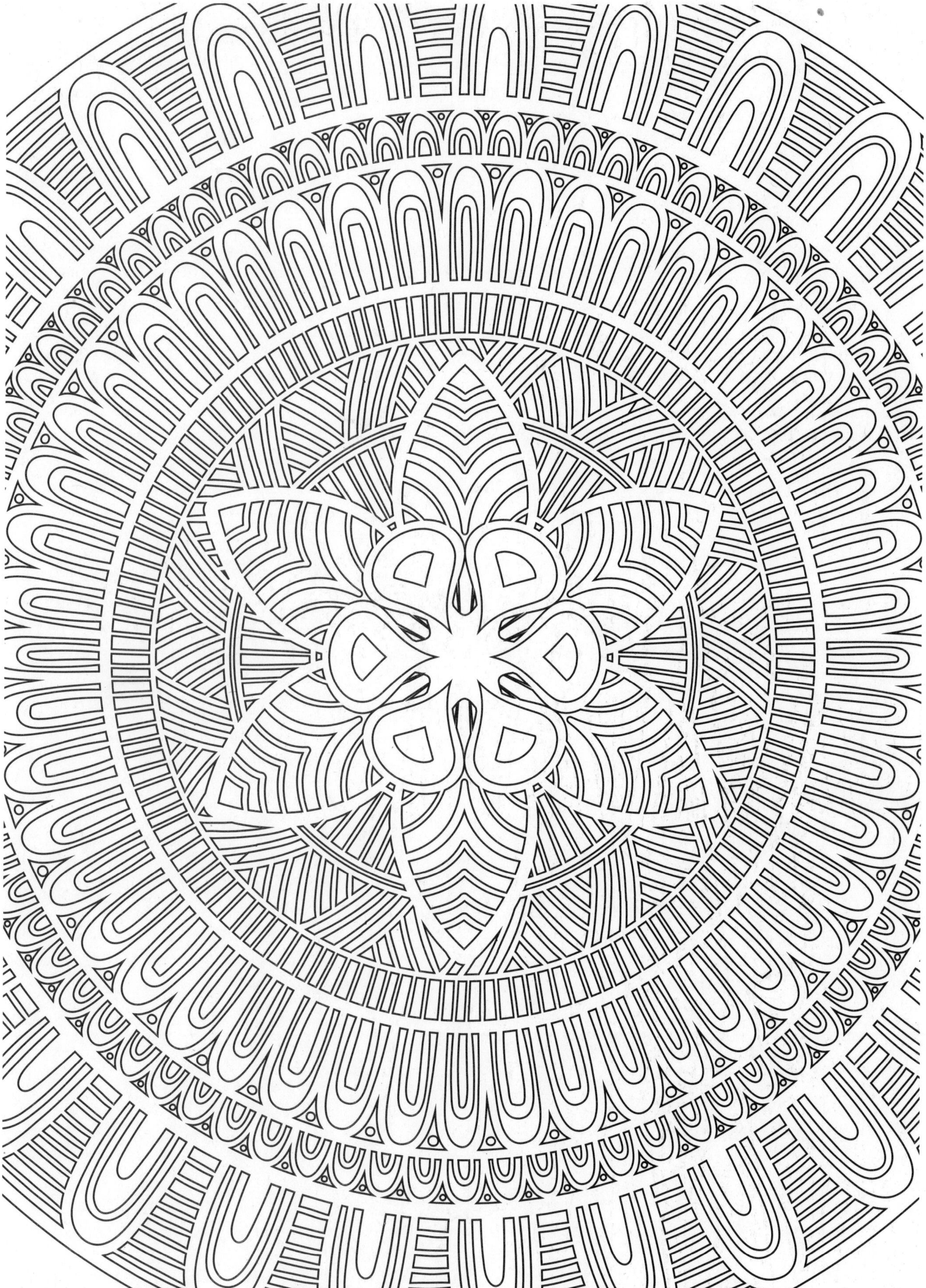

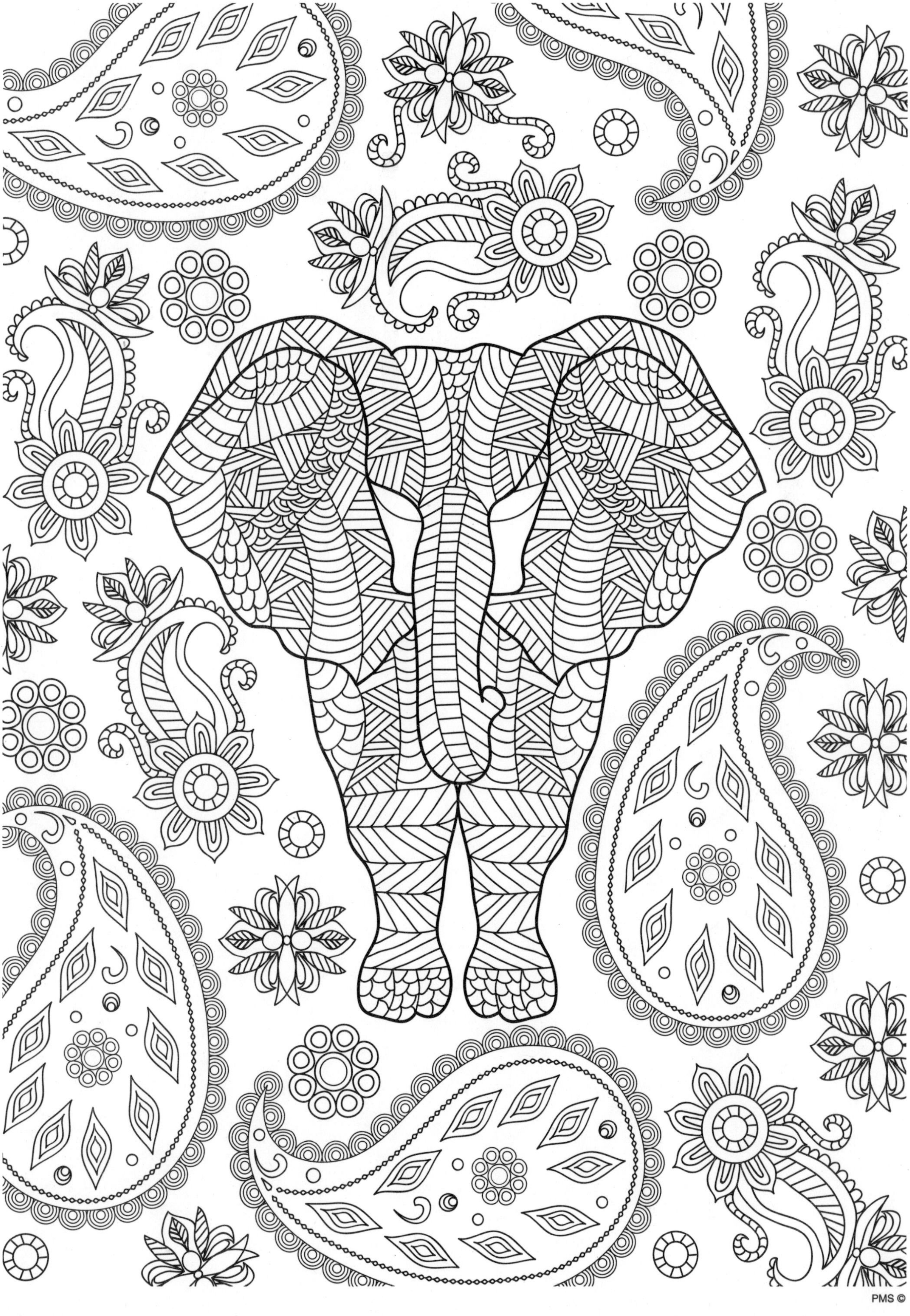

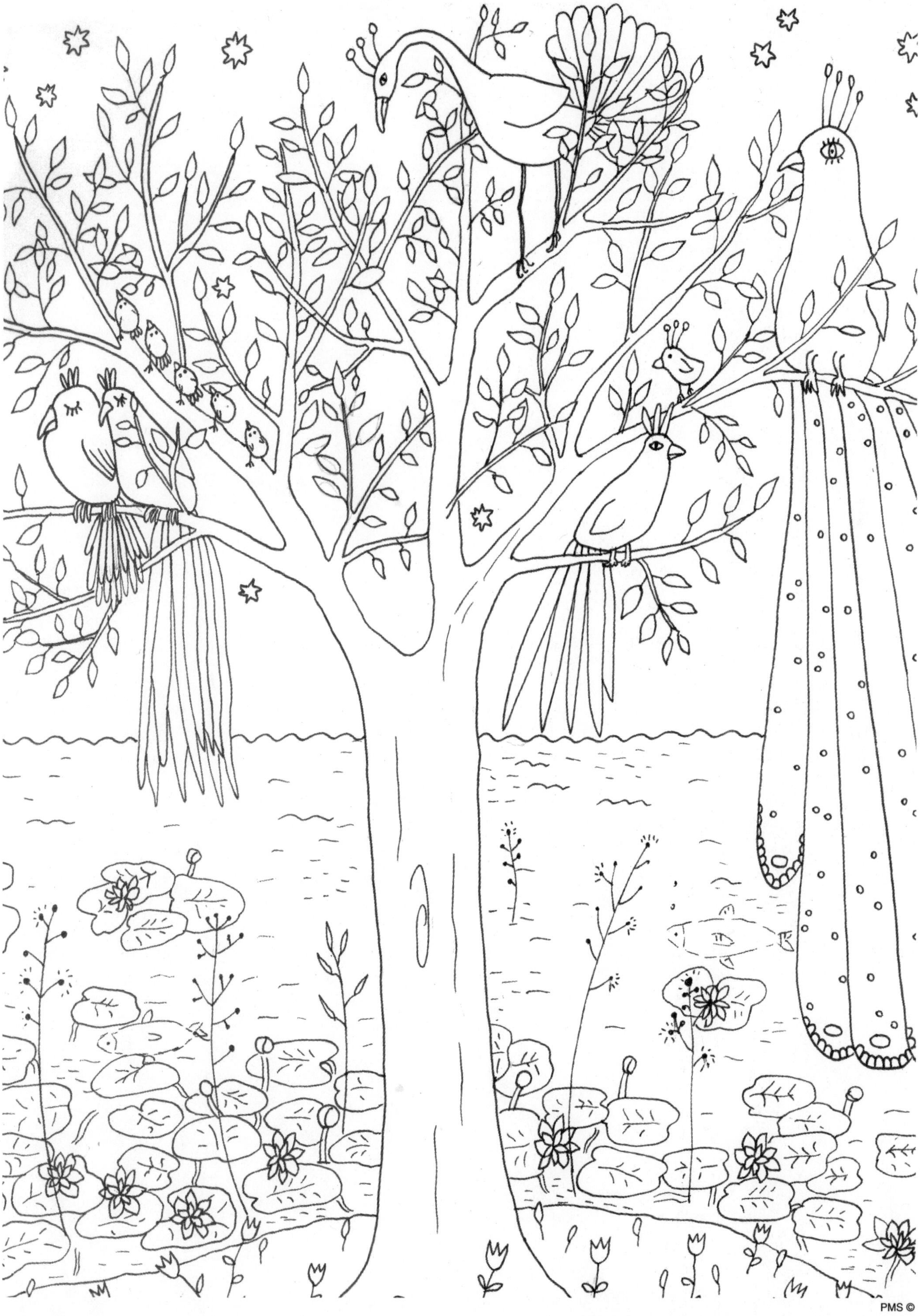

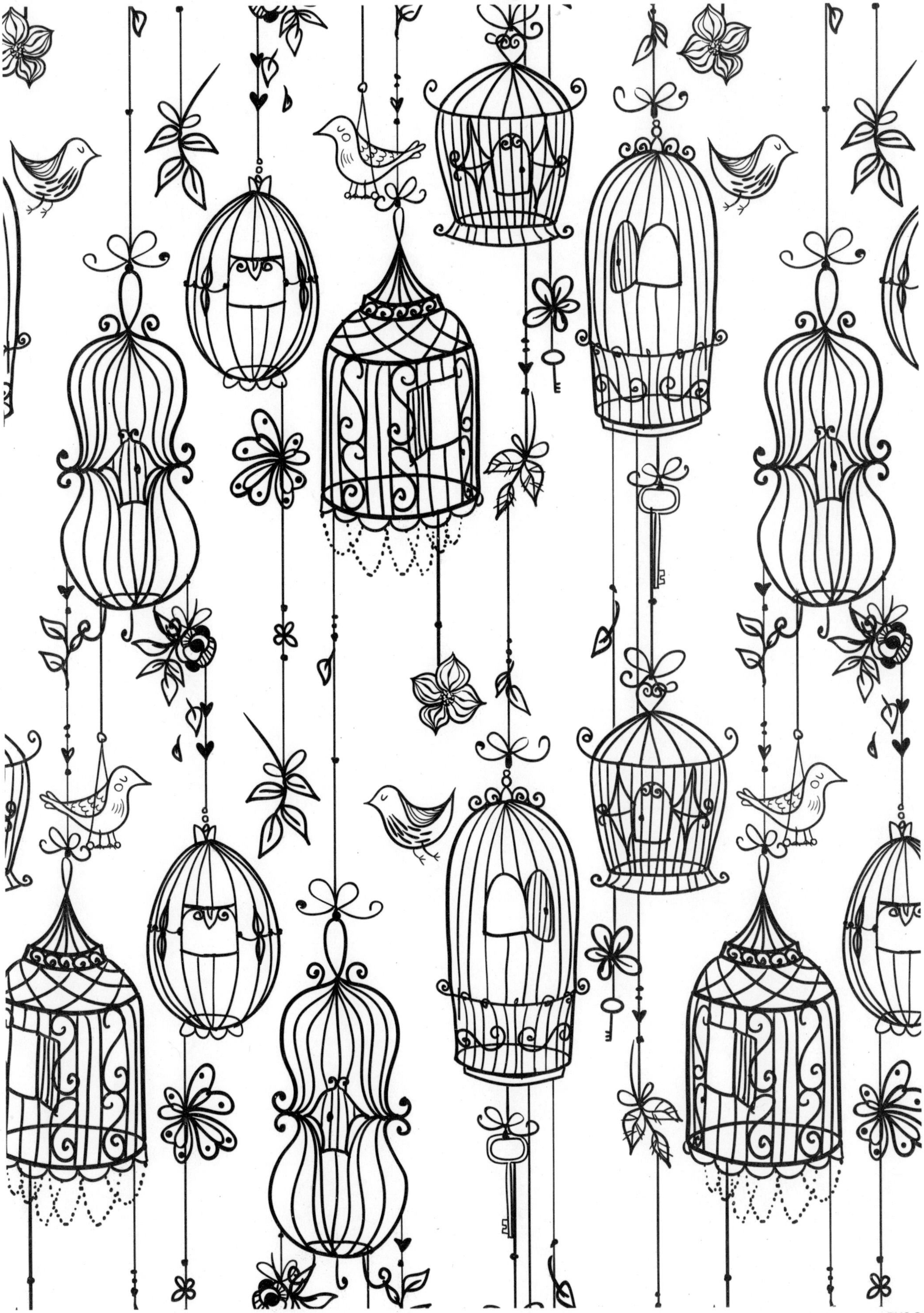

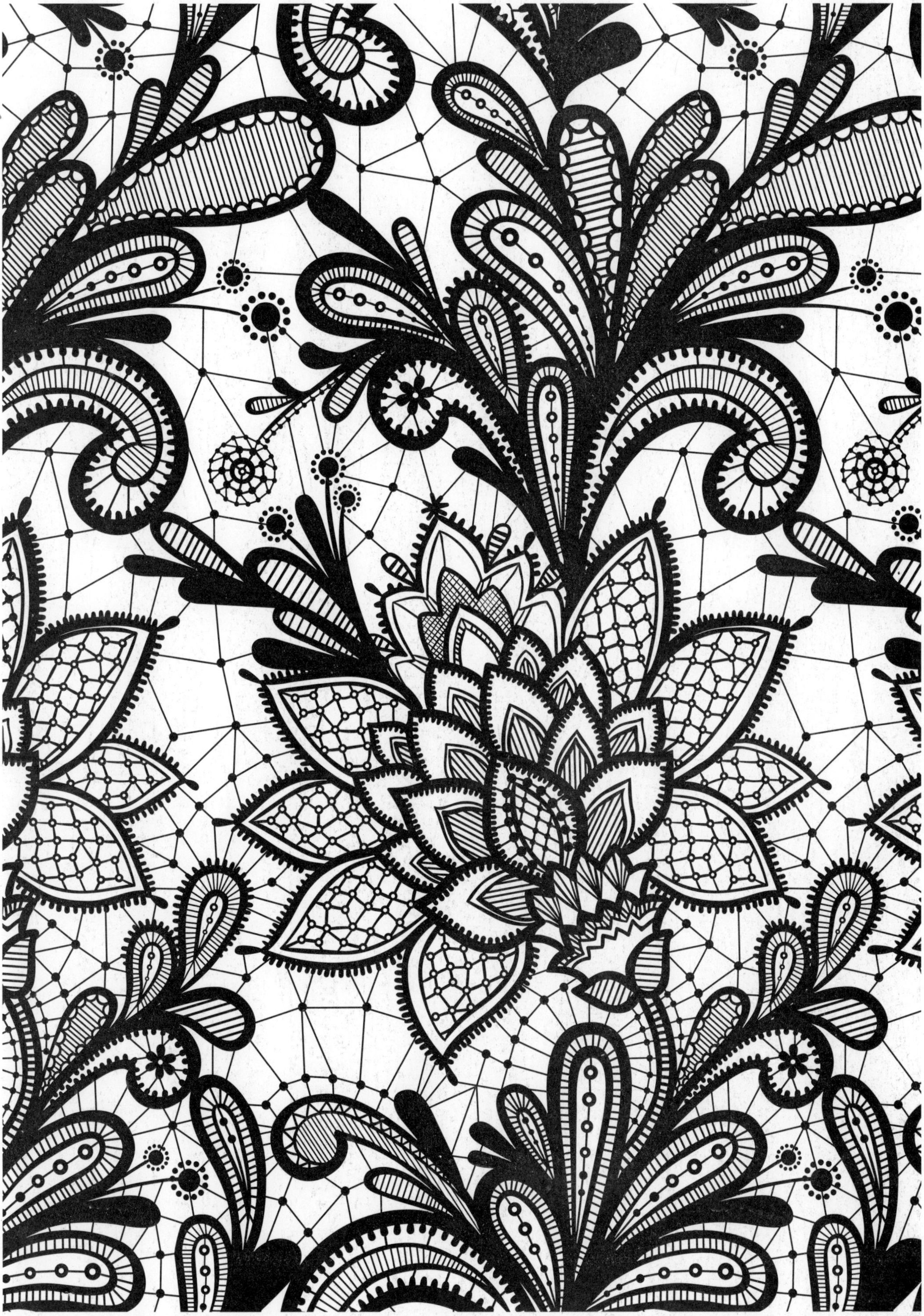

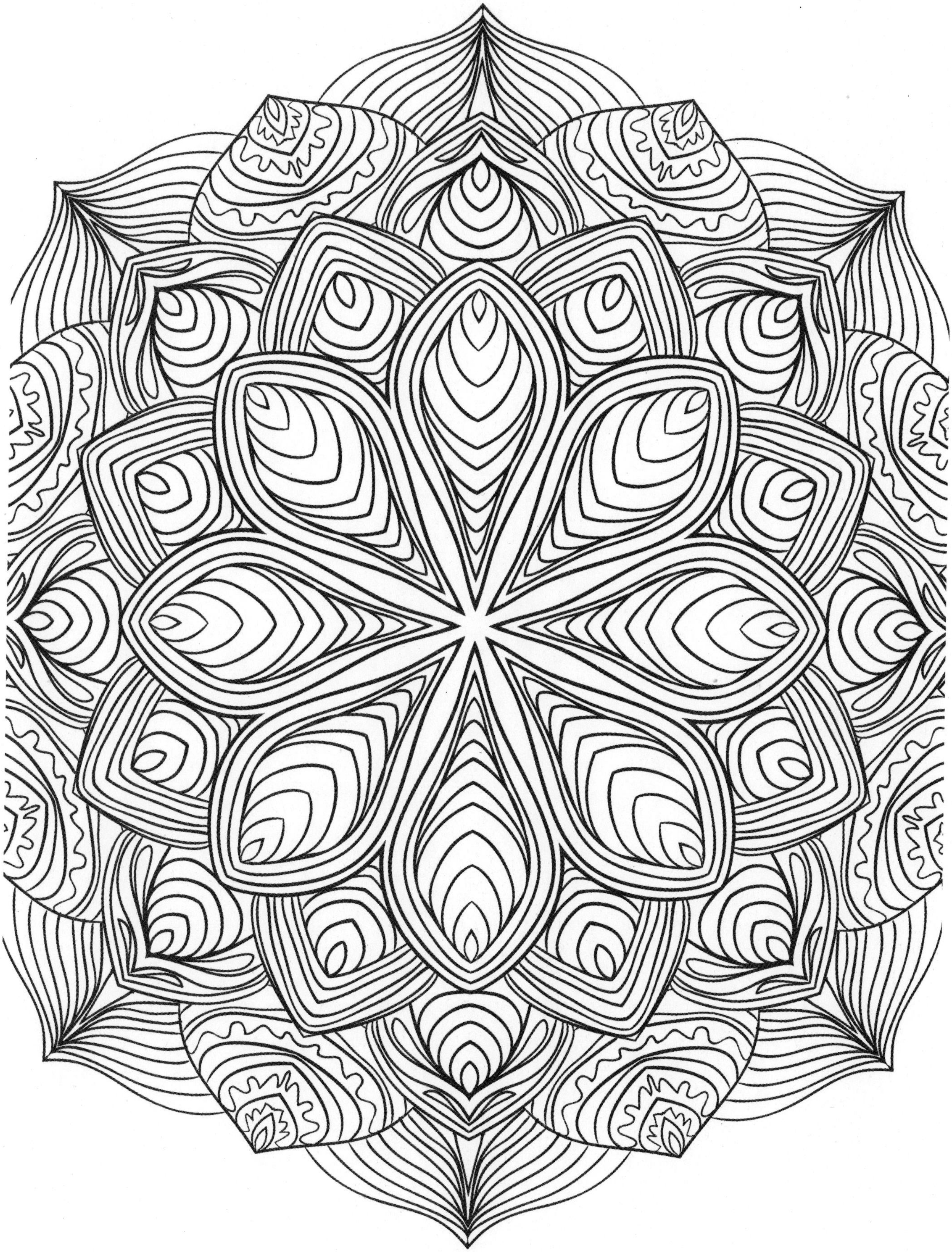

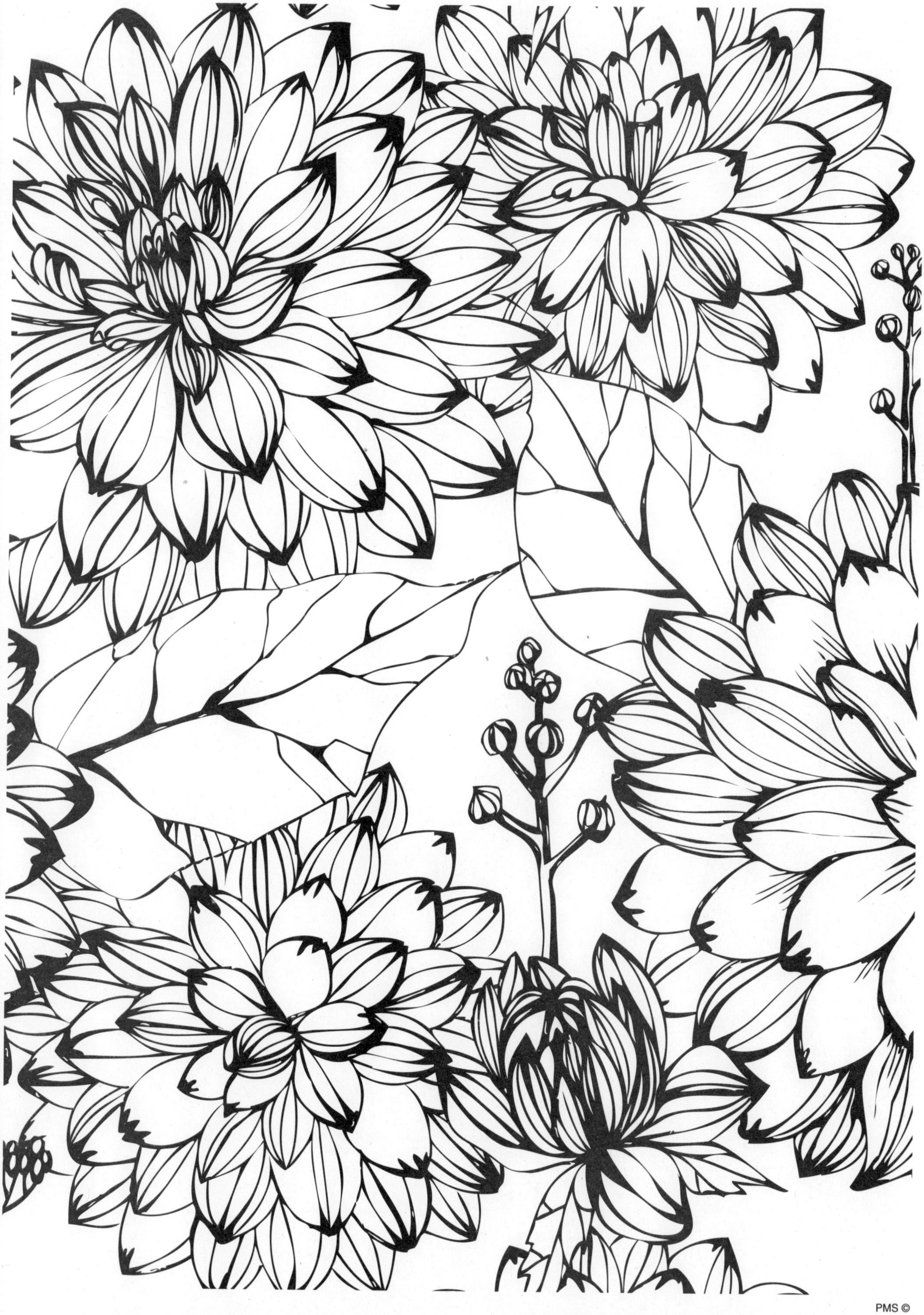

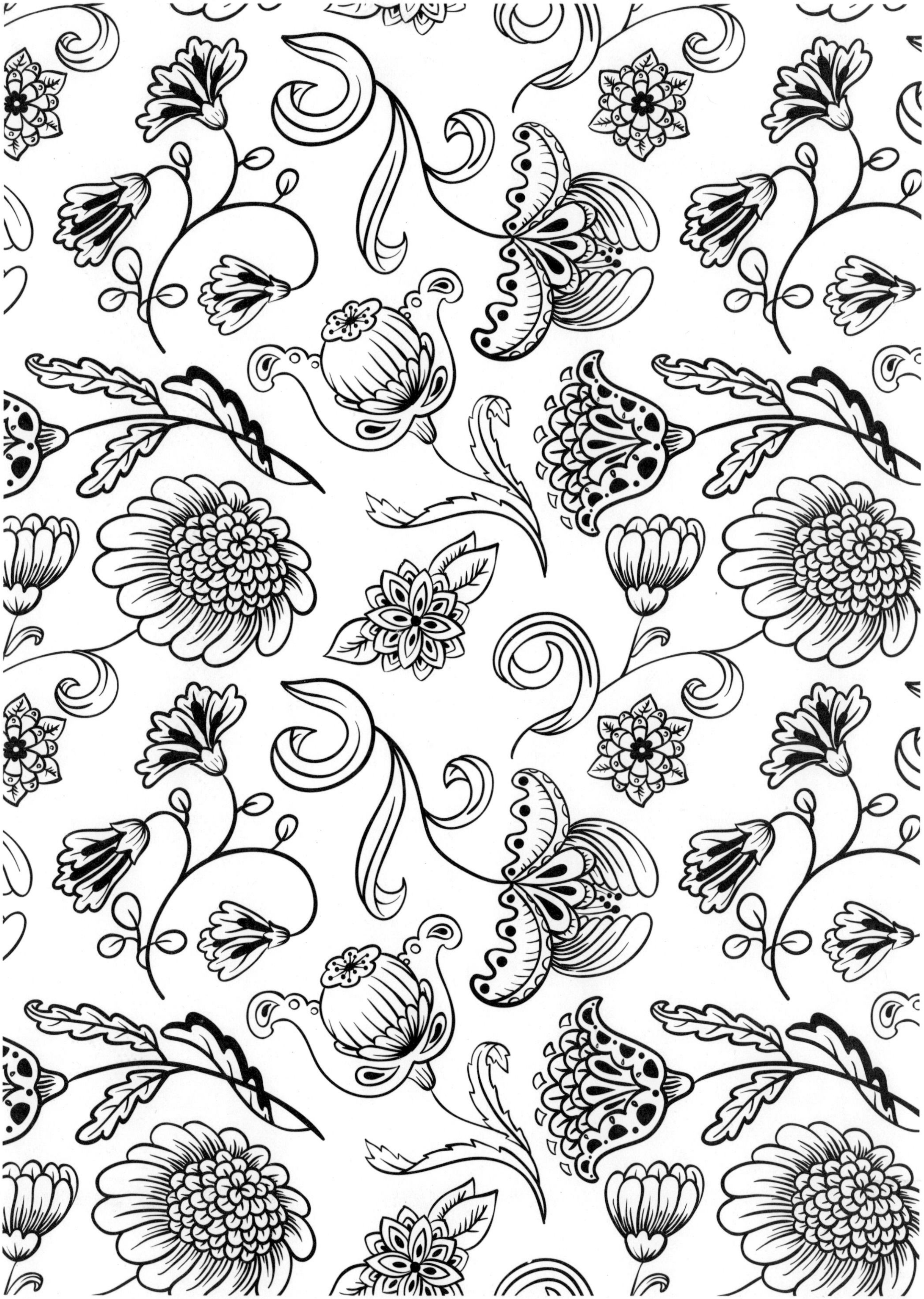

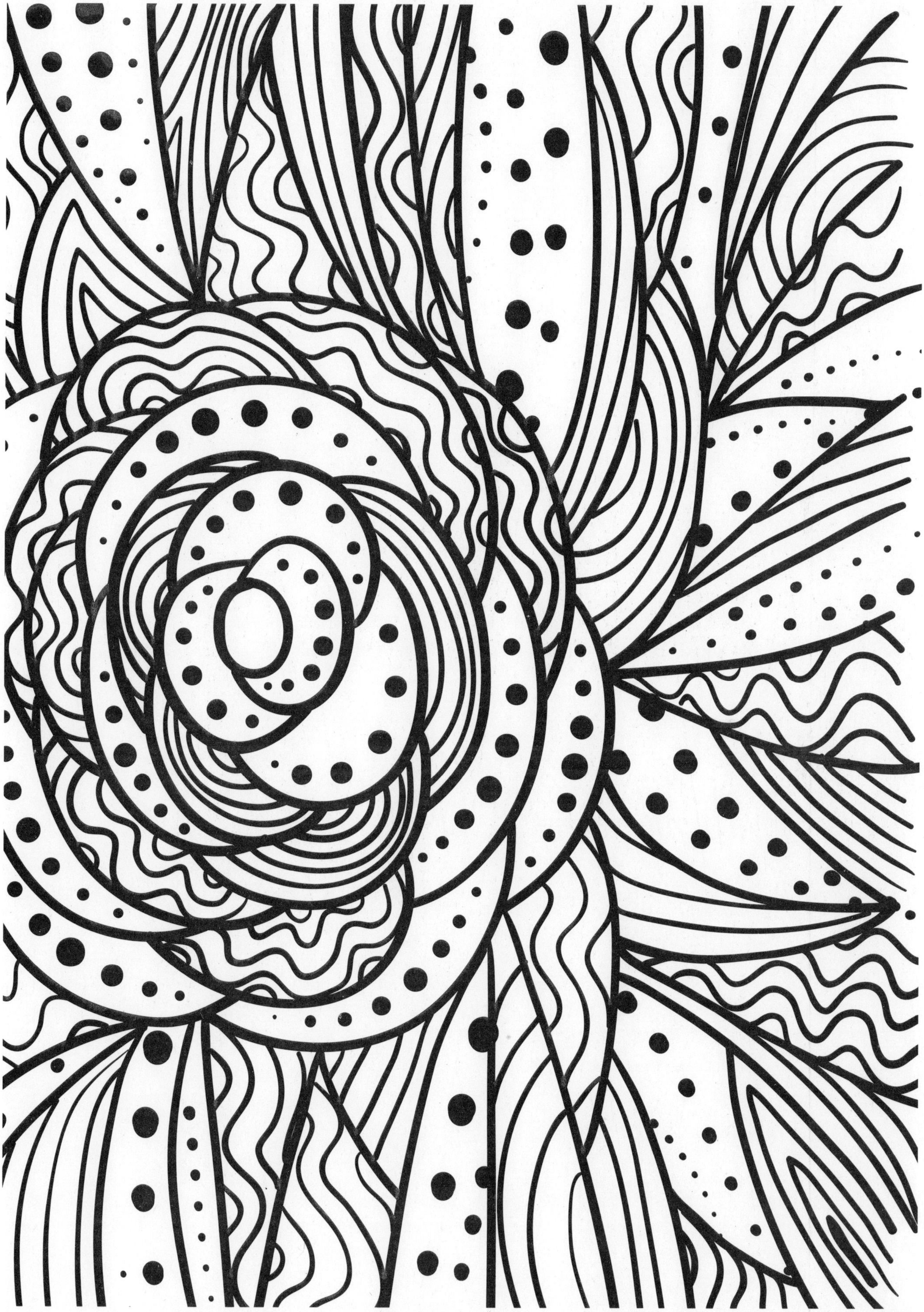

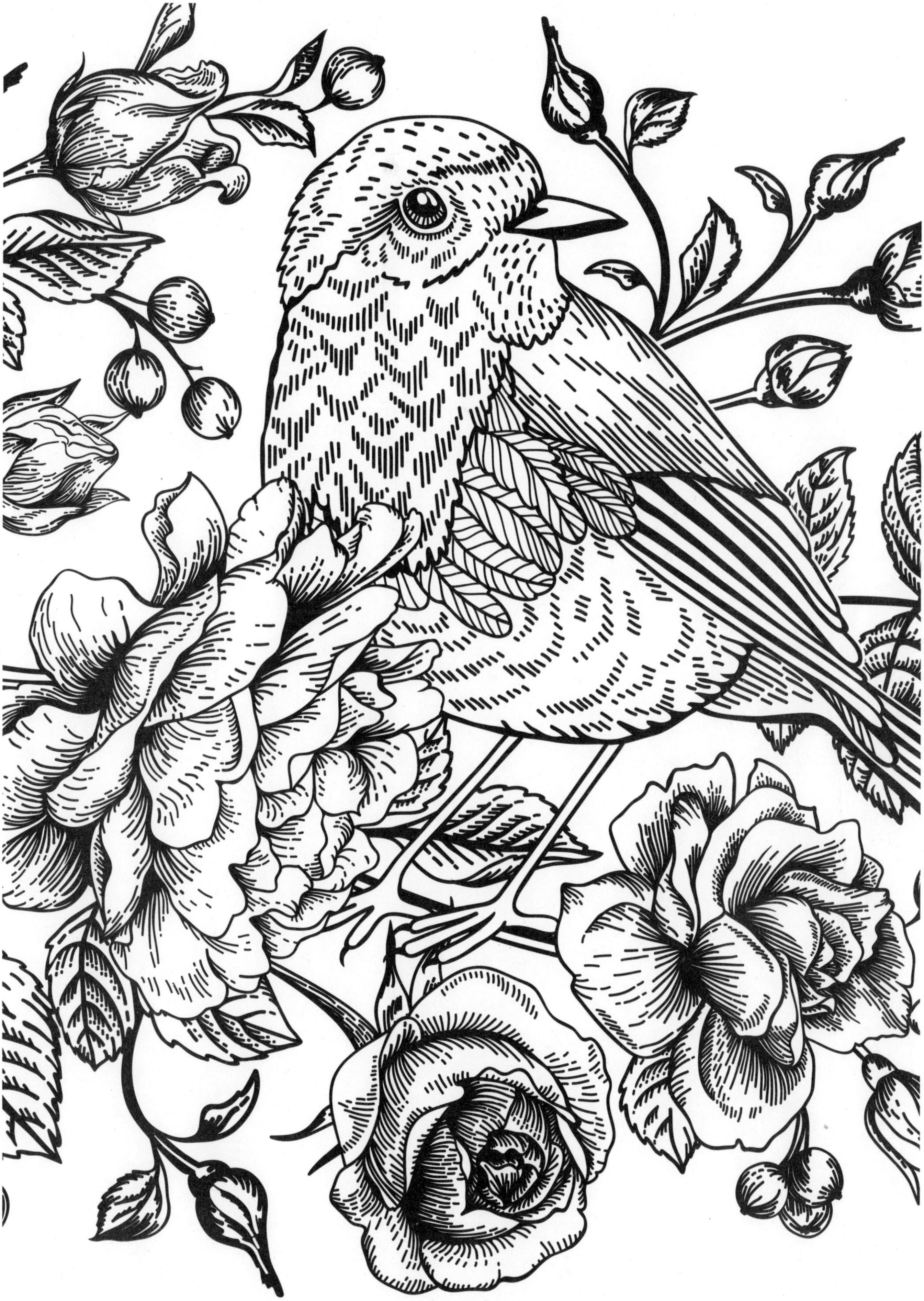

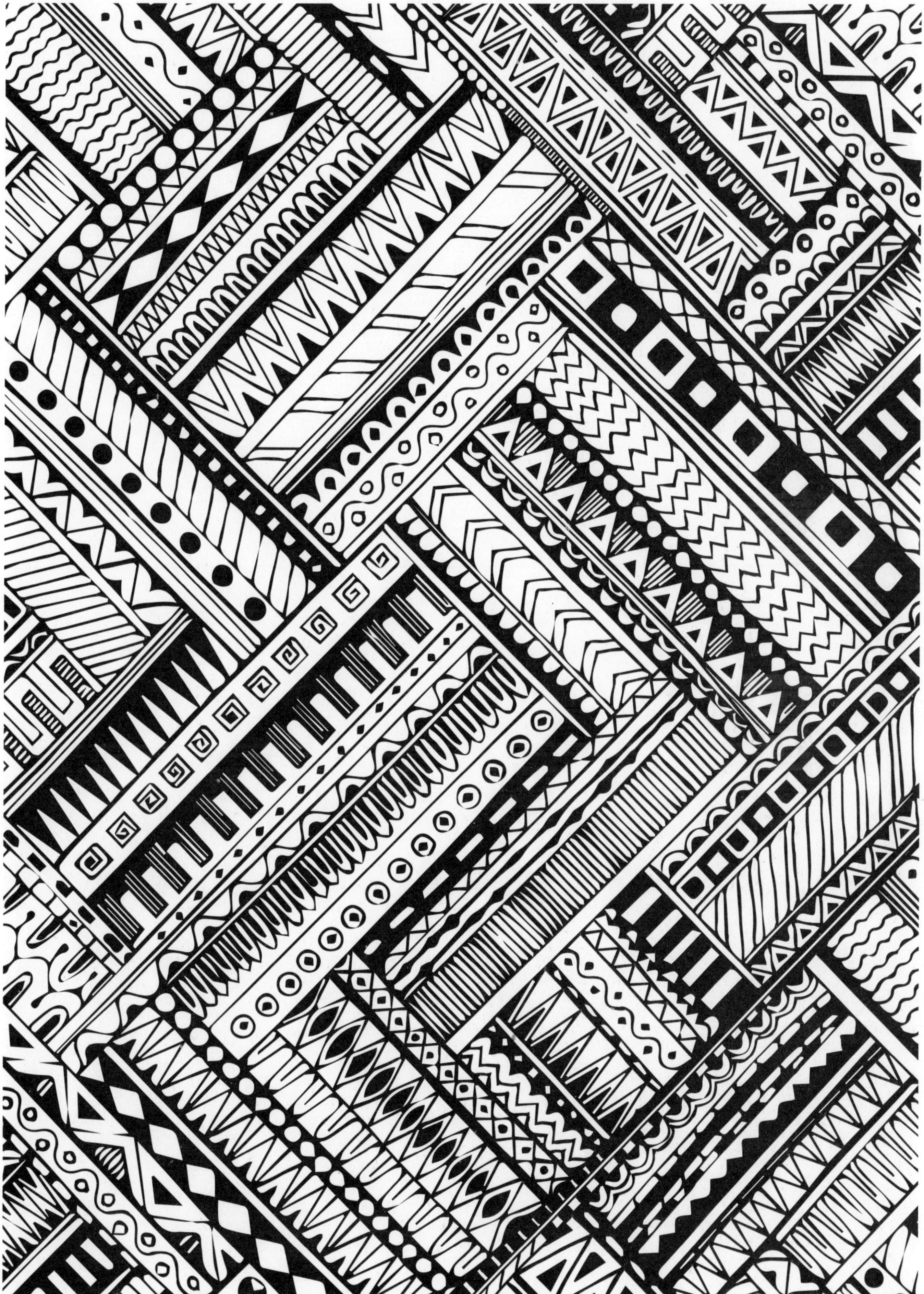

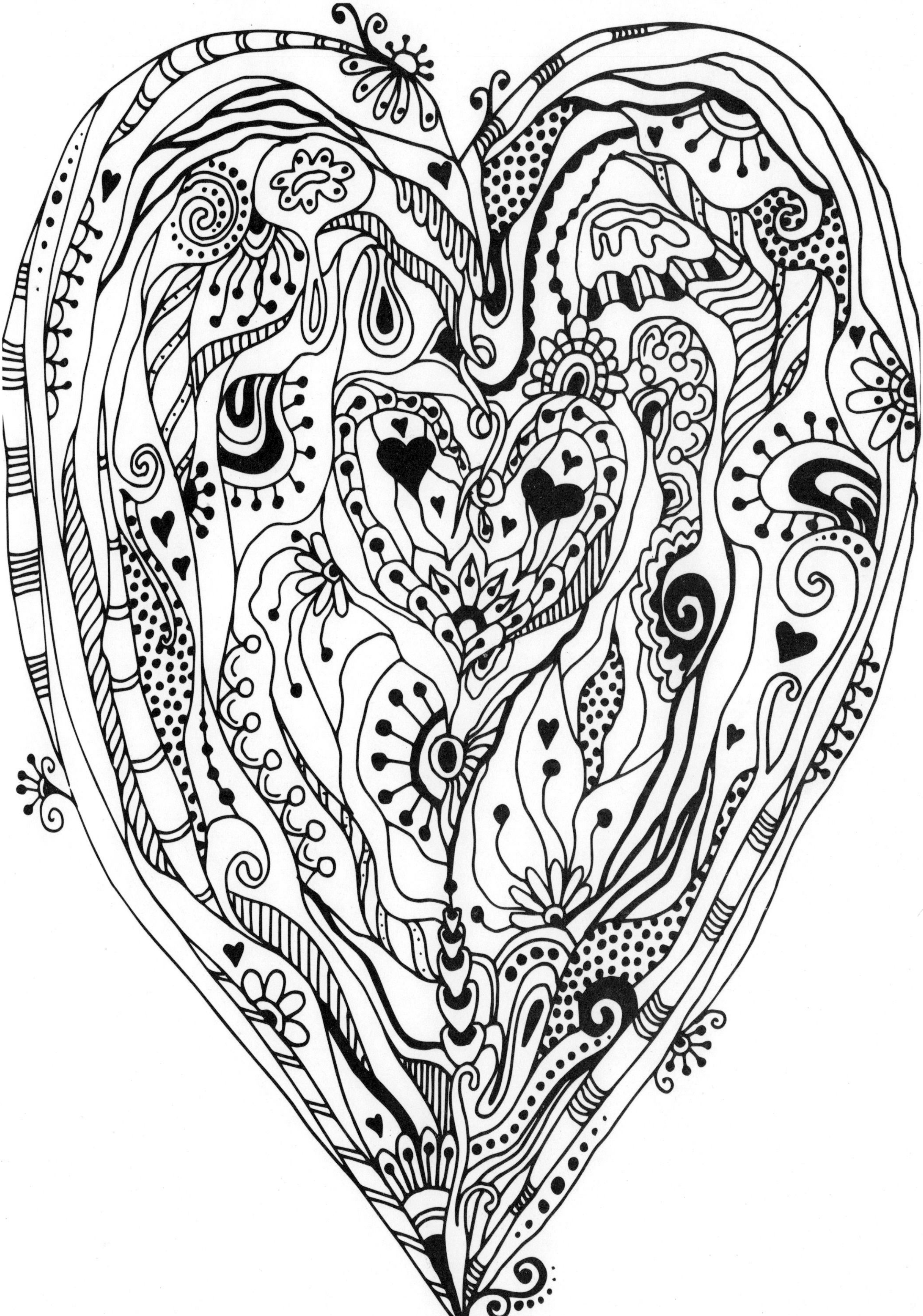

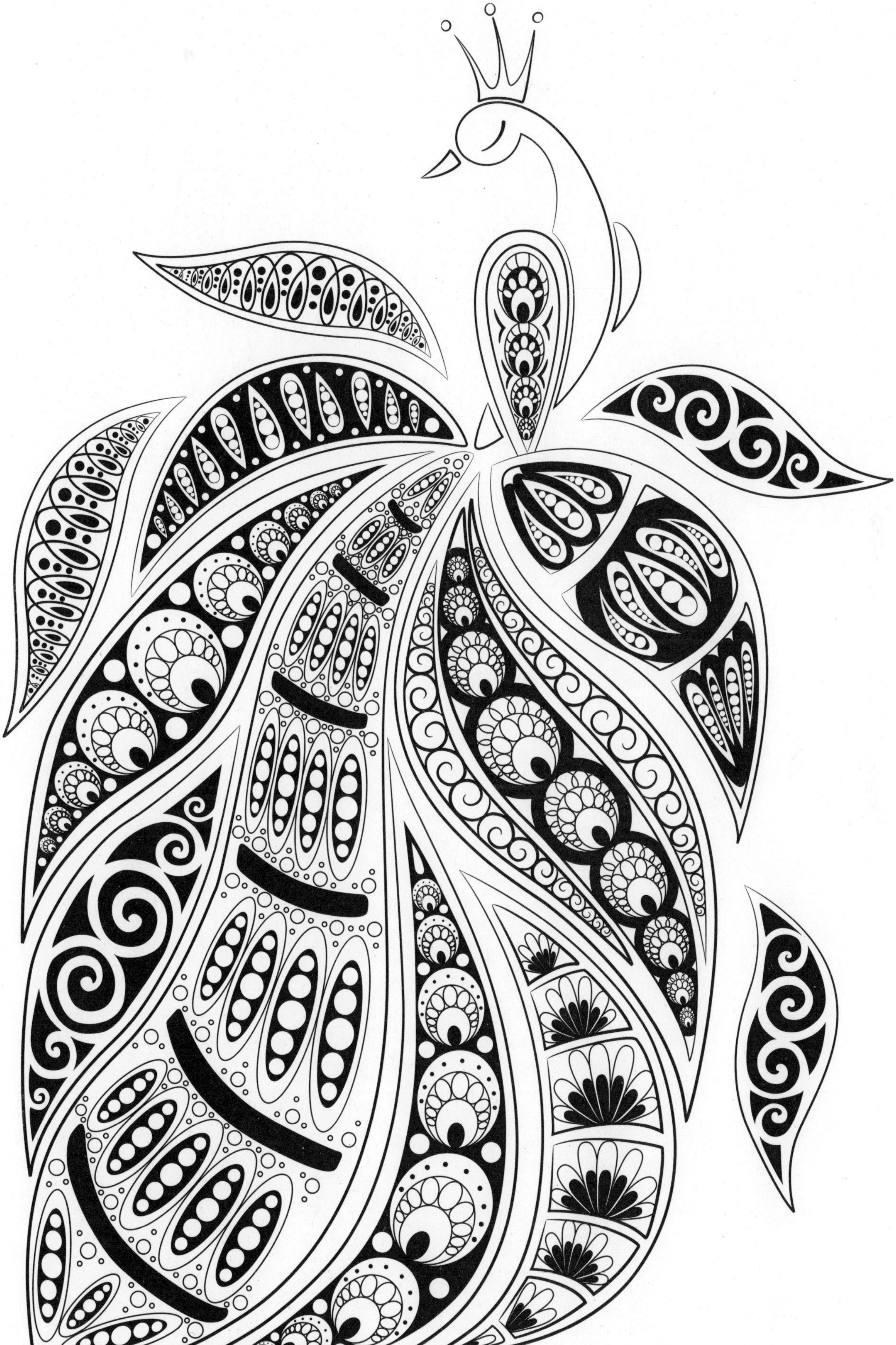

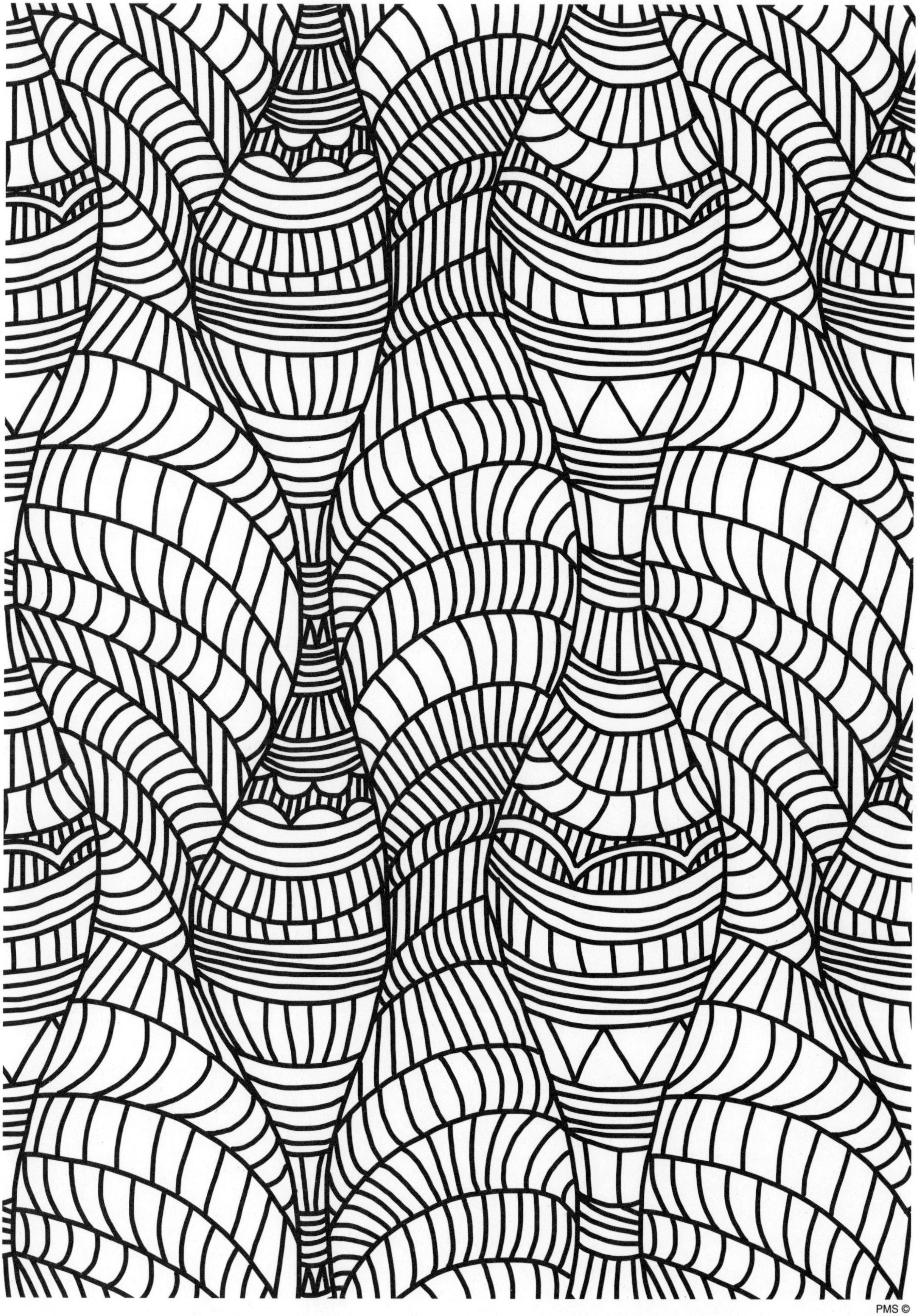

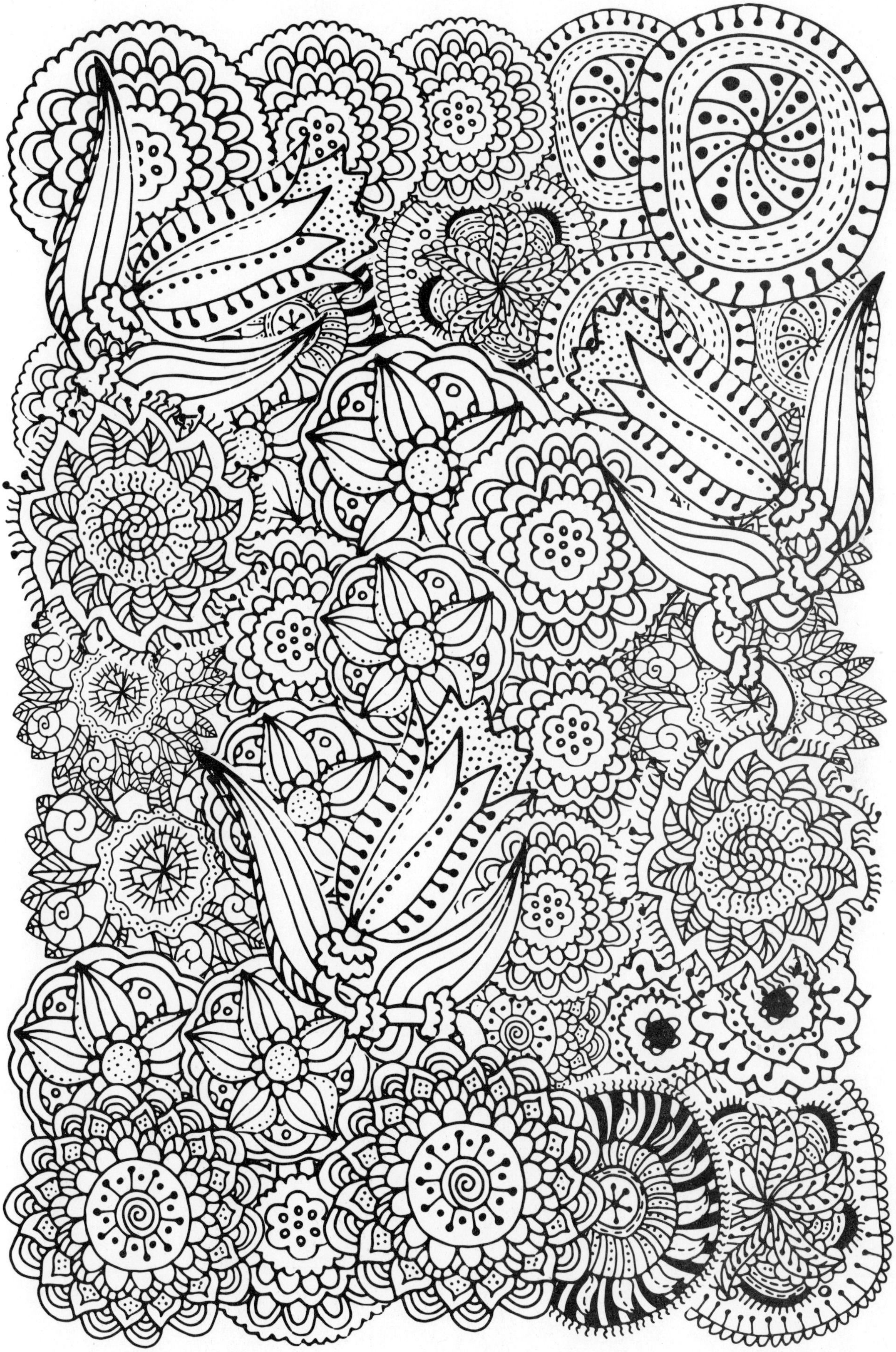

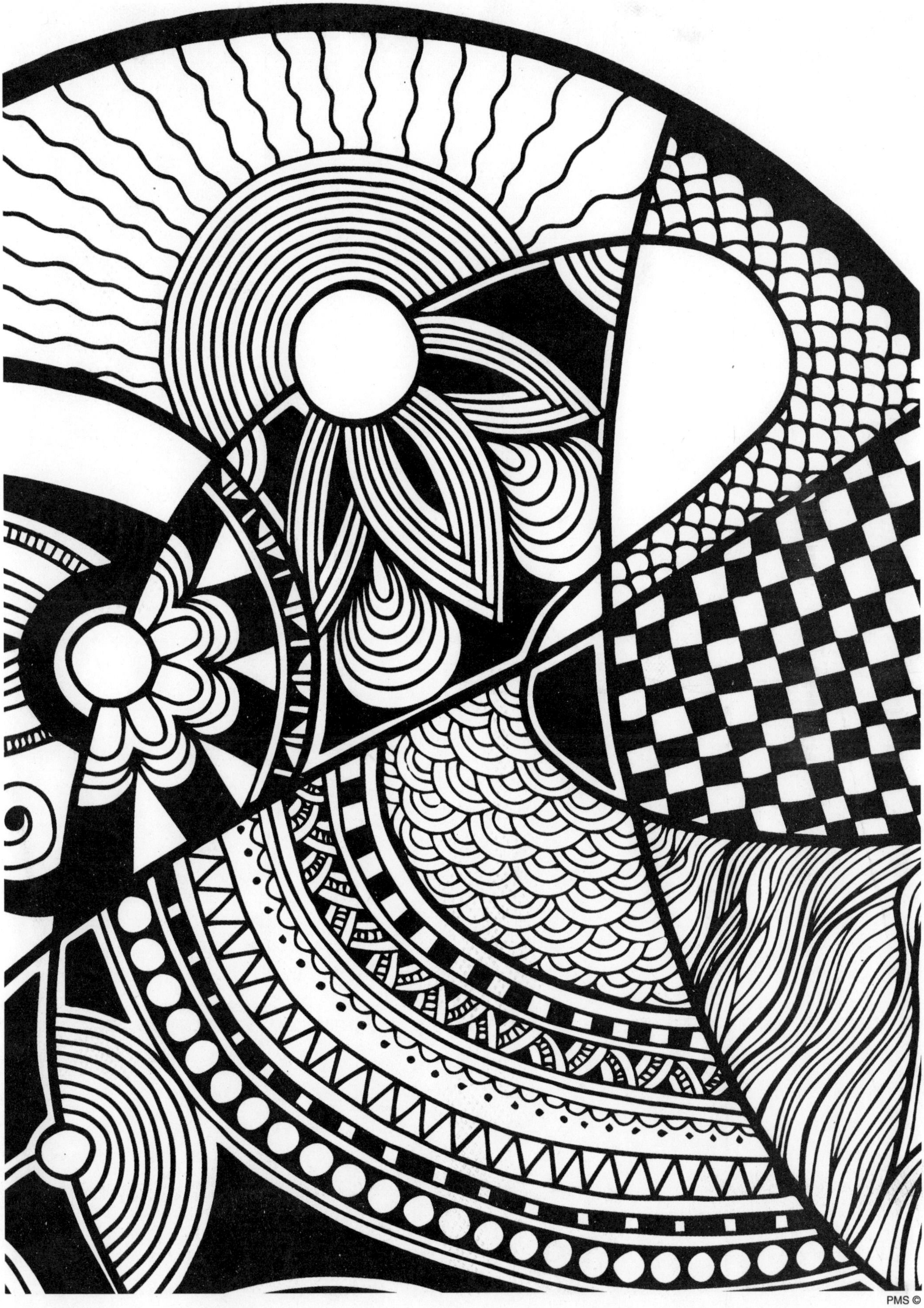

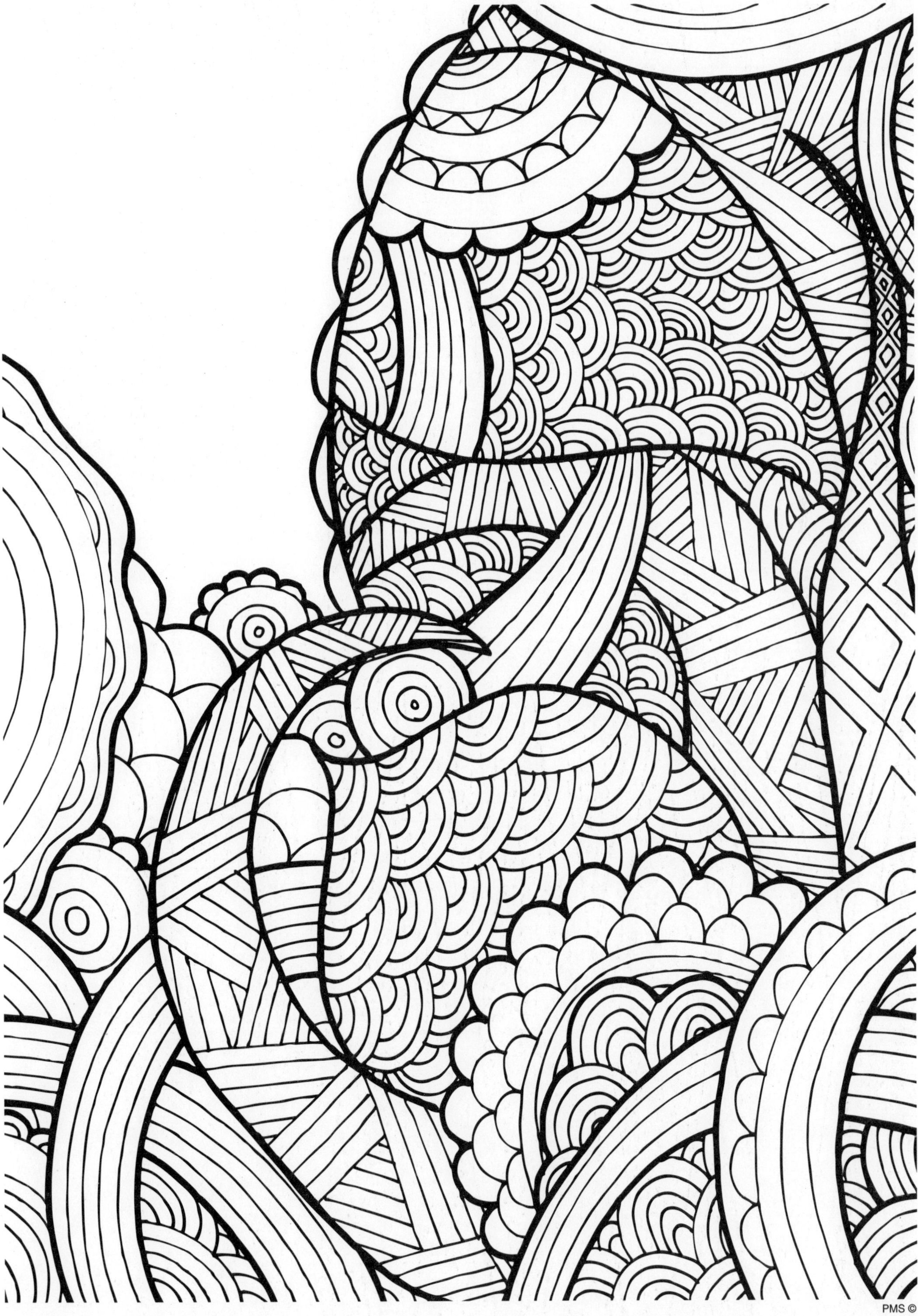

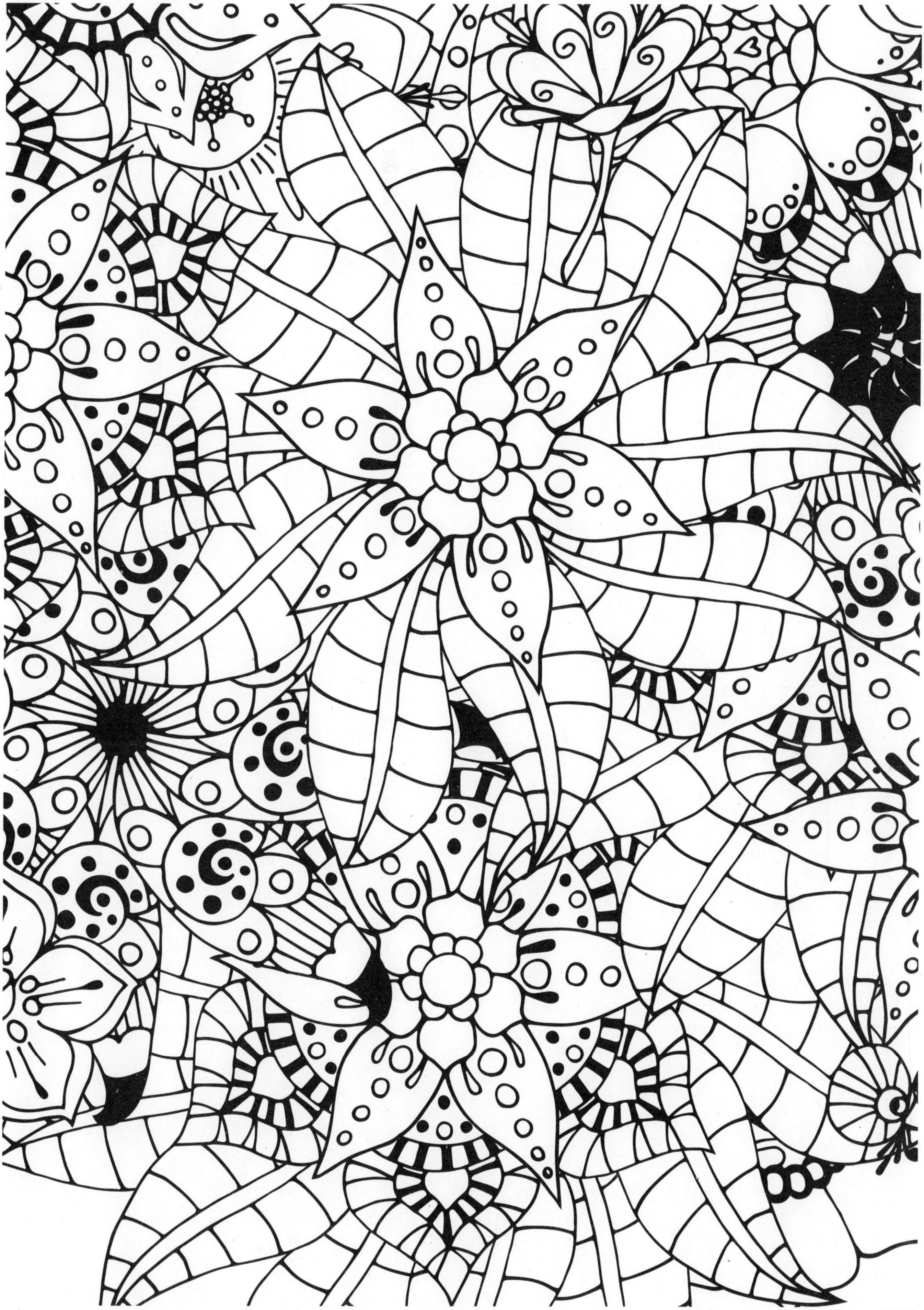

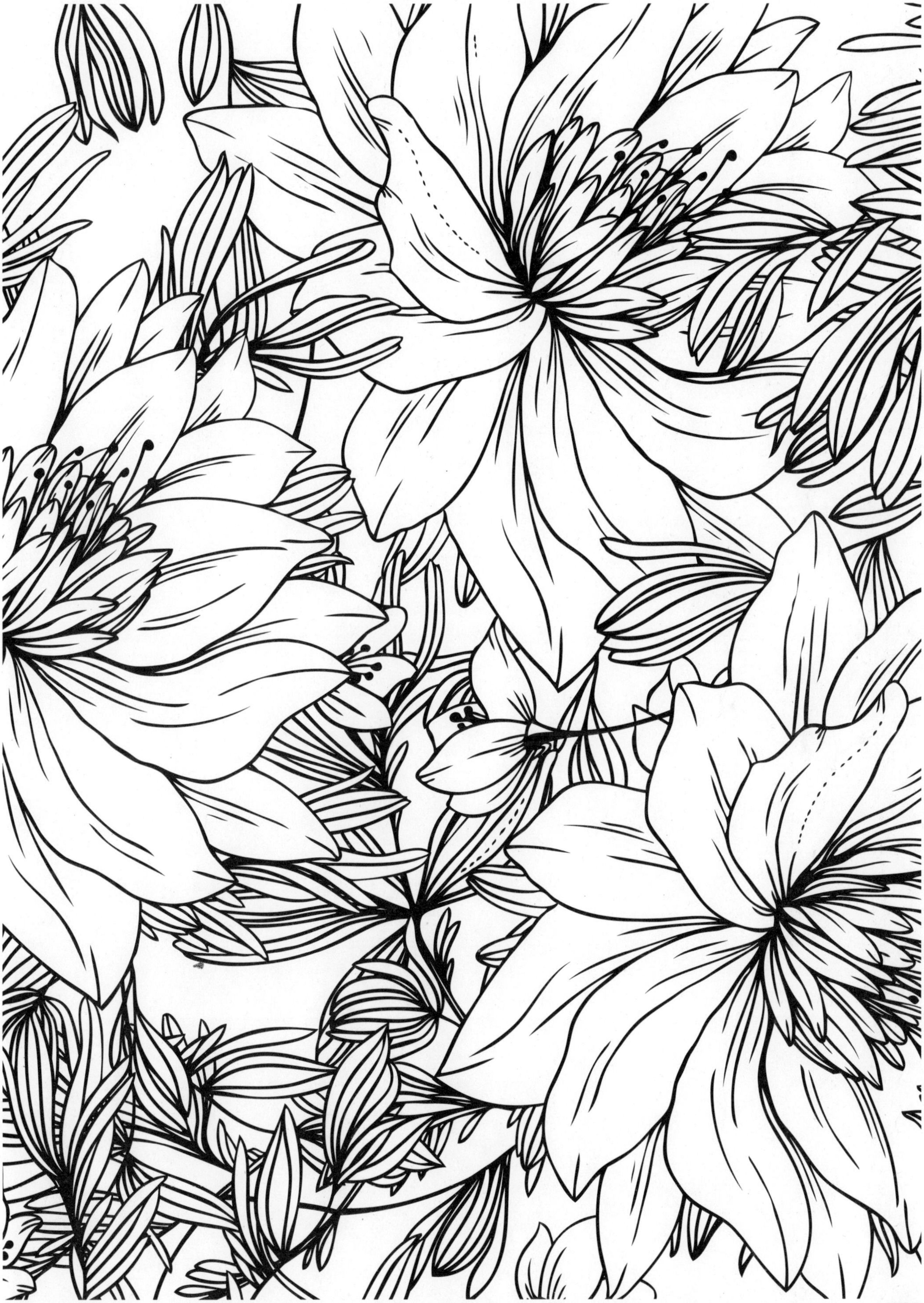

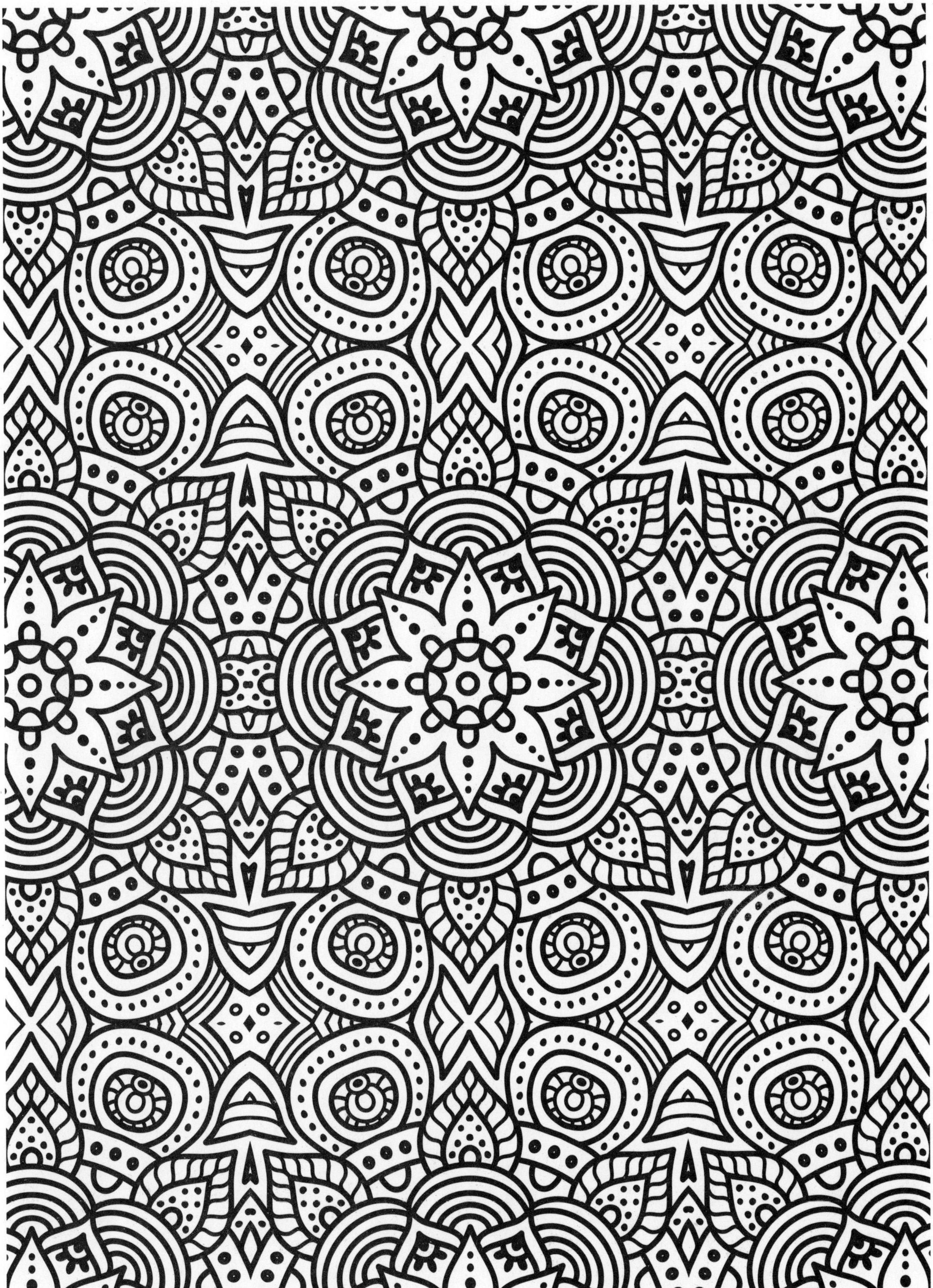

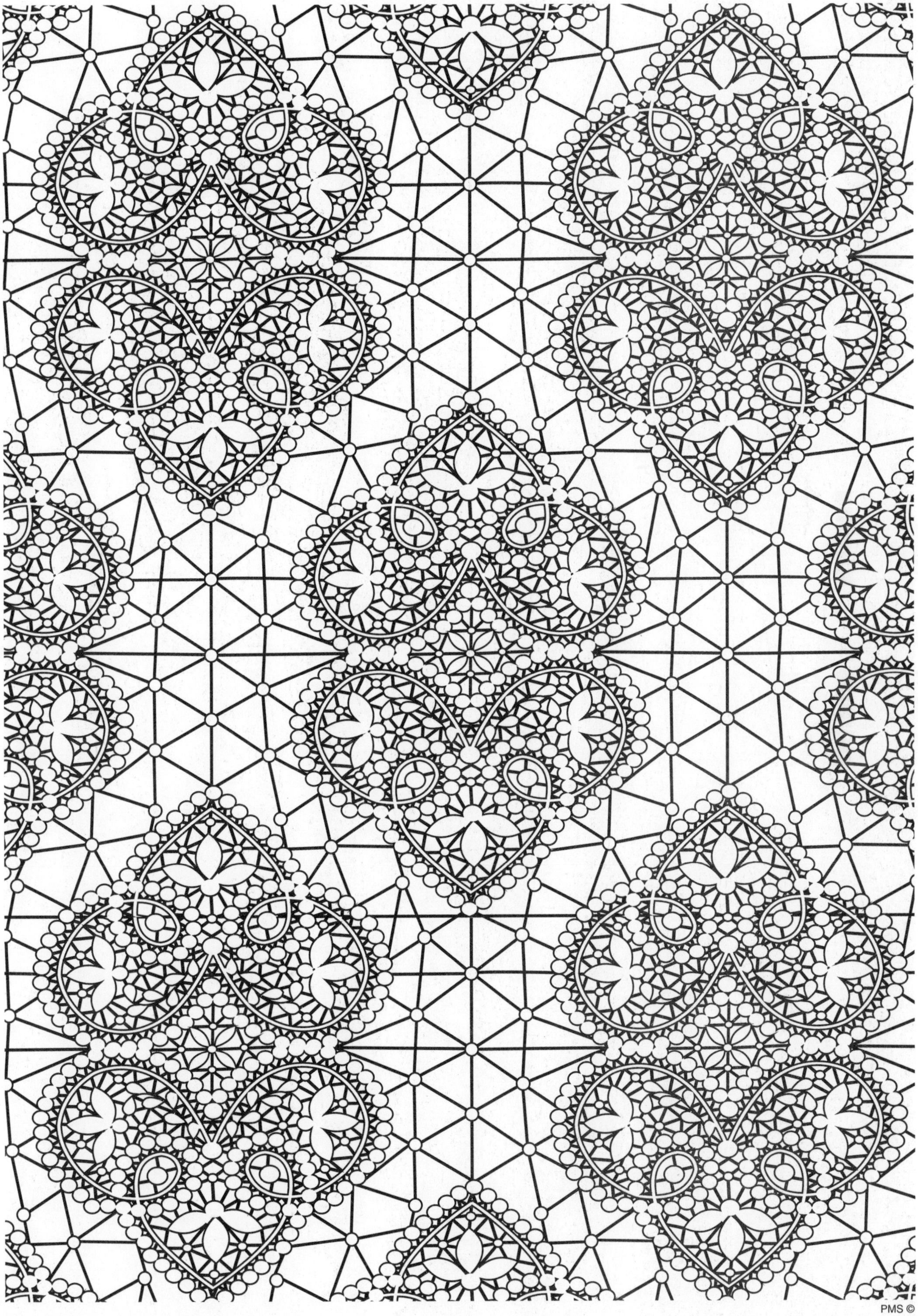

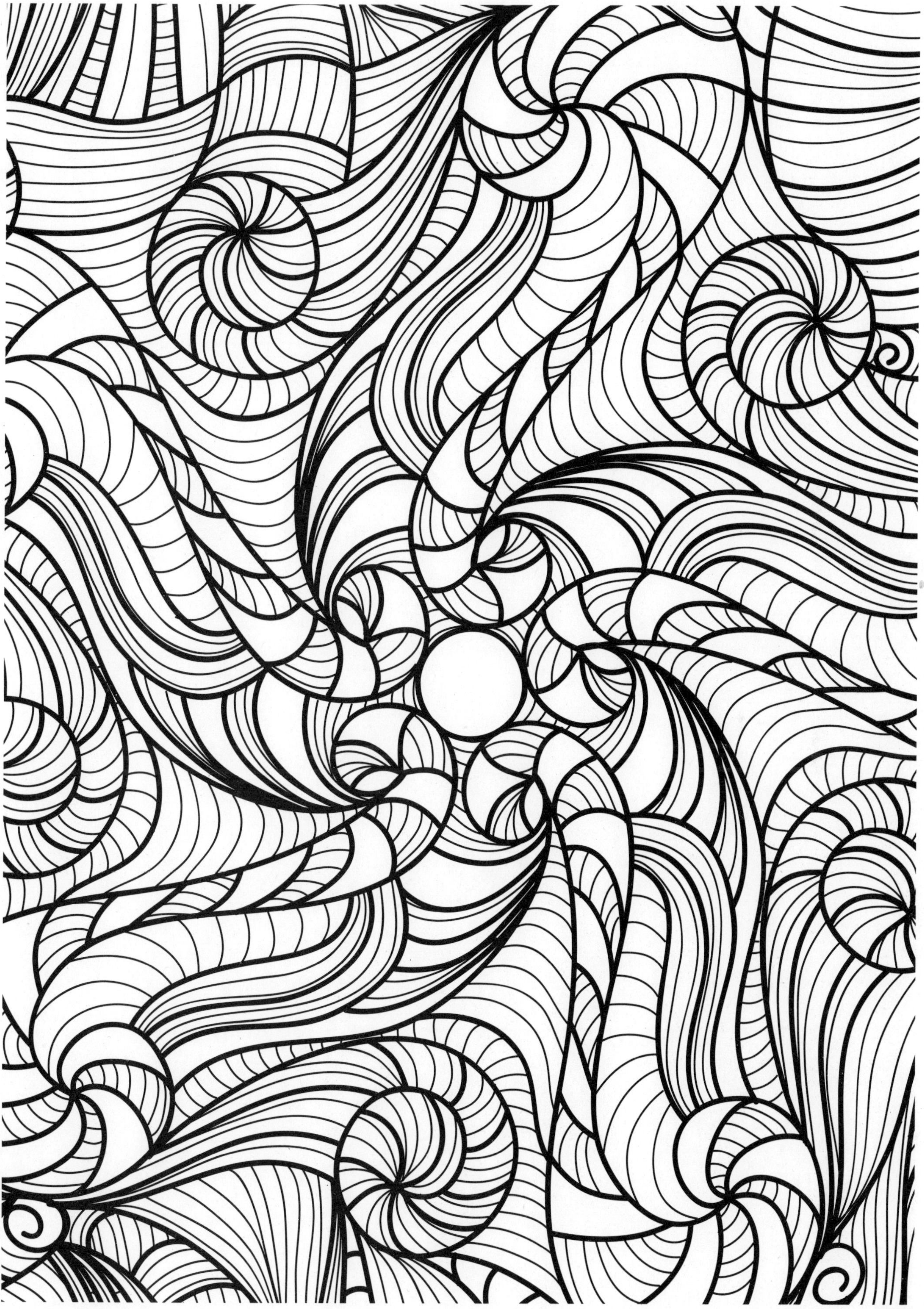

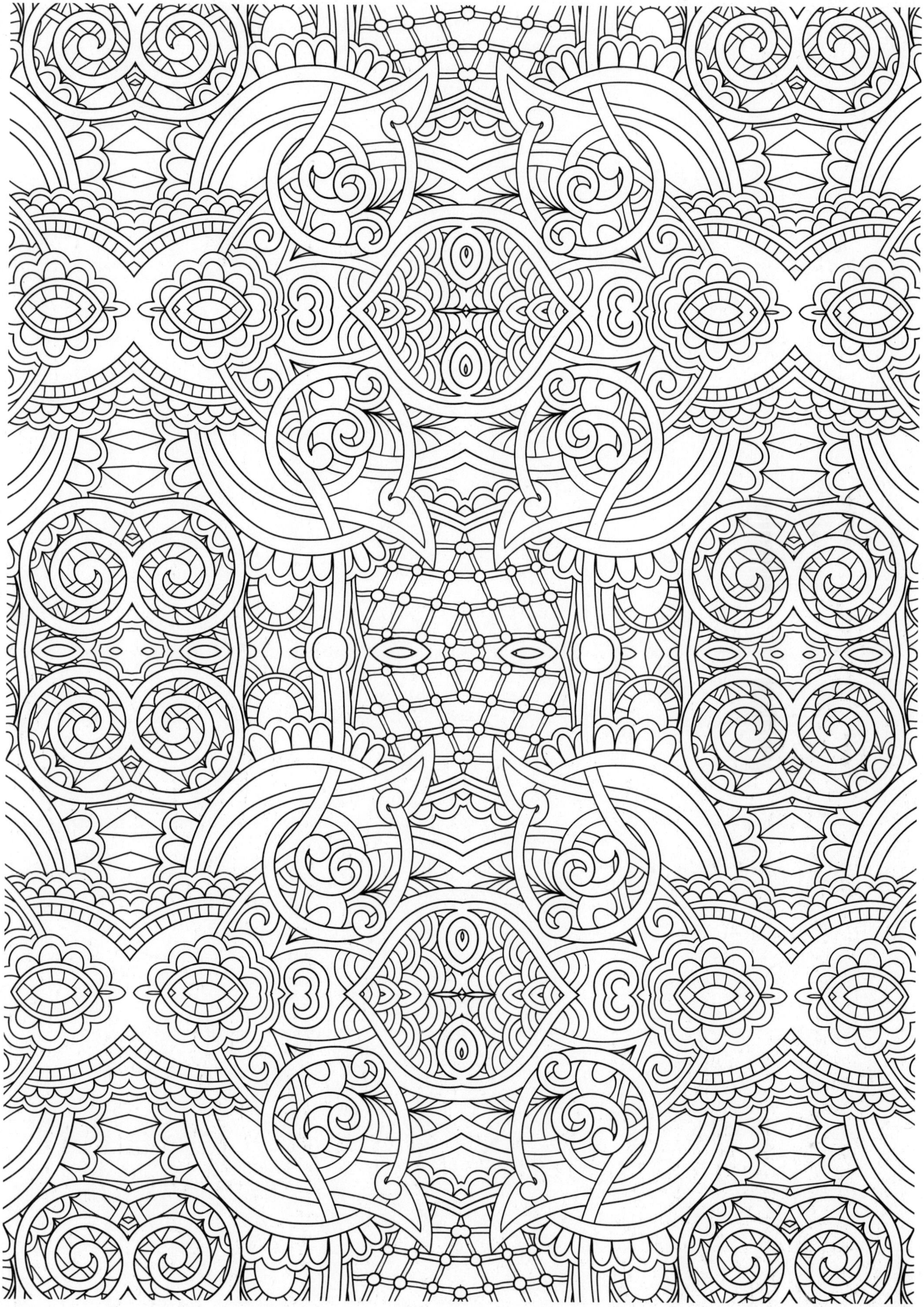

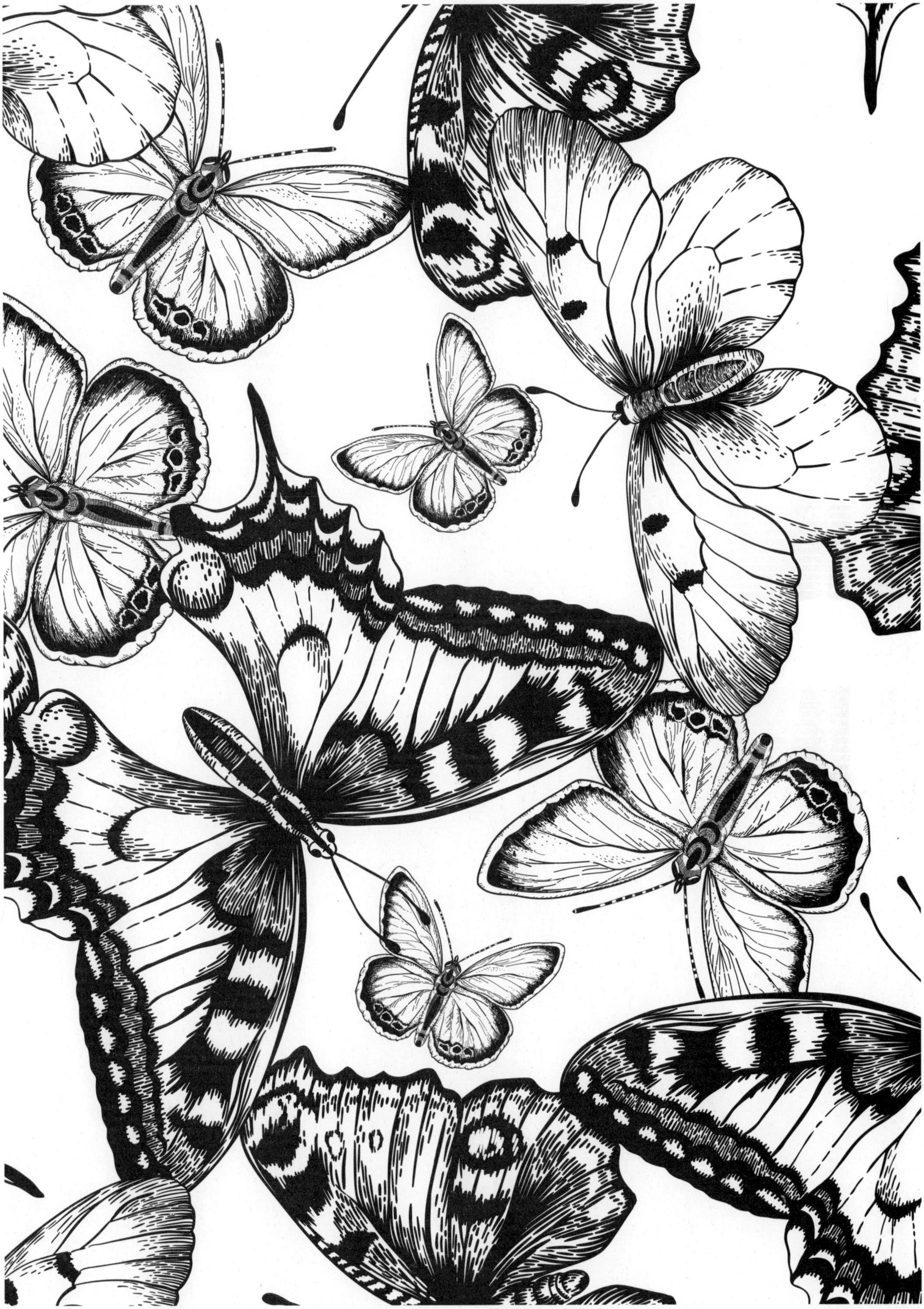

PMS ©

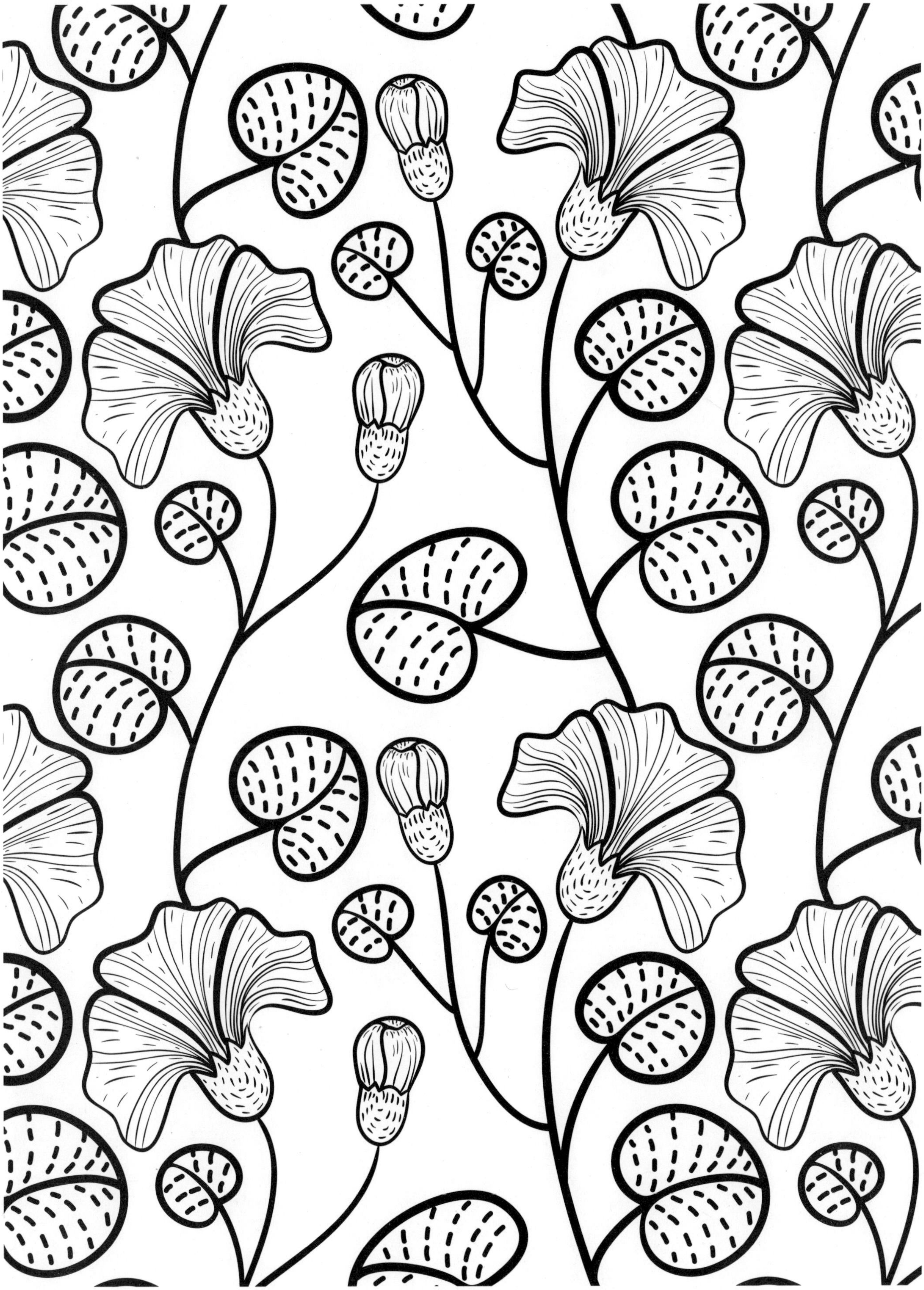

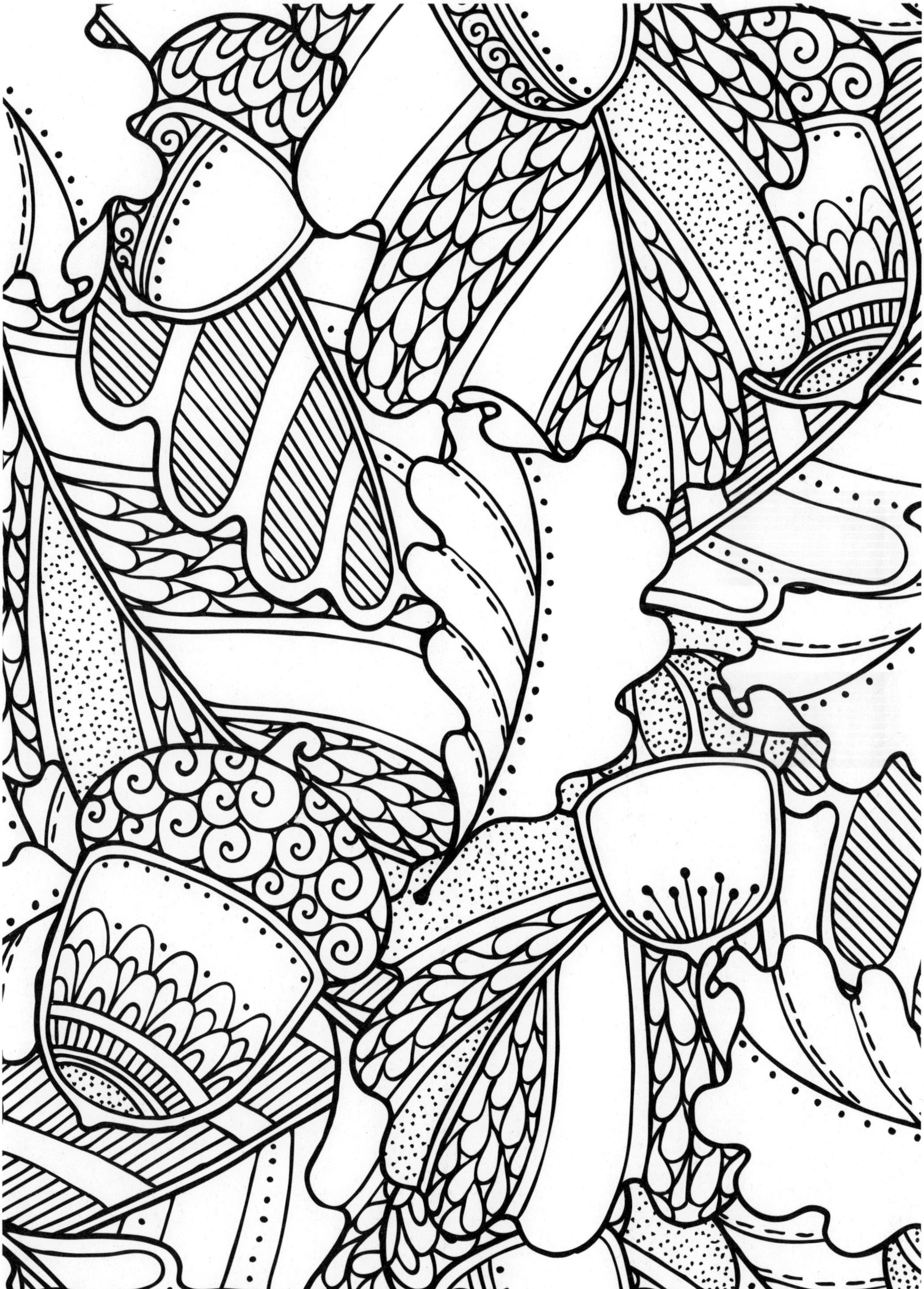

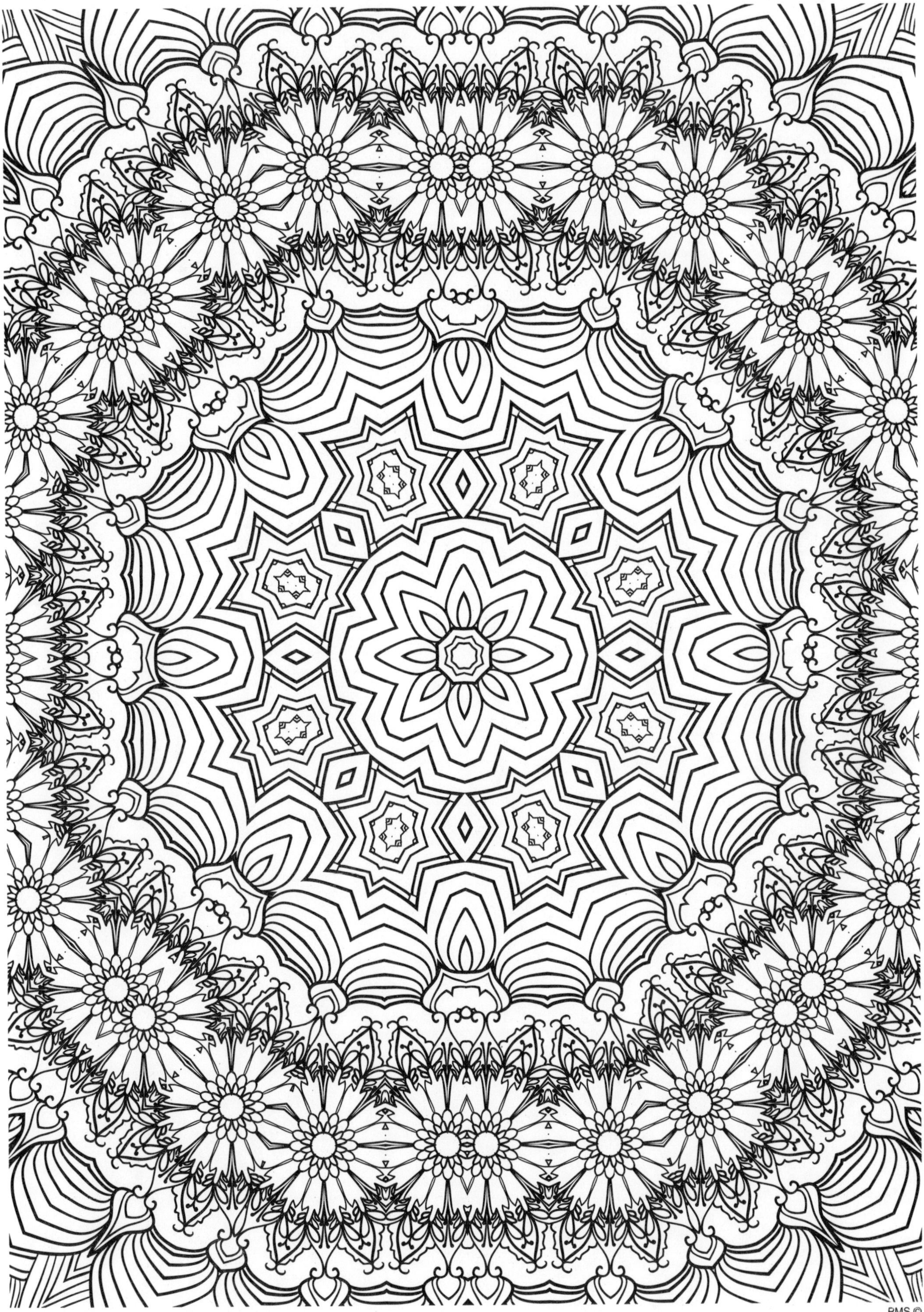

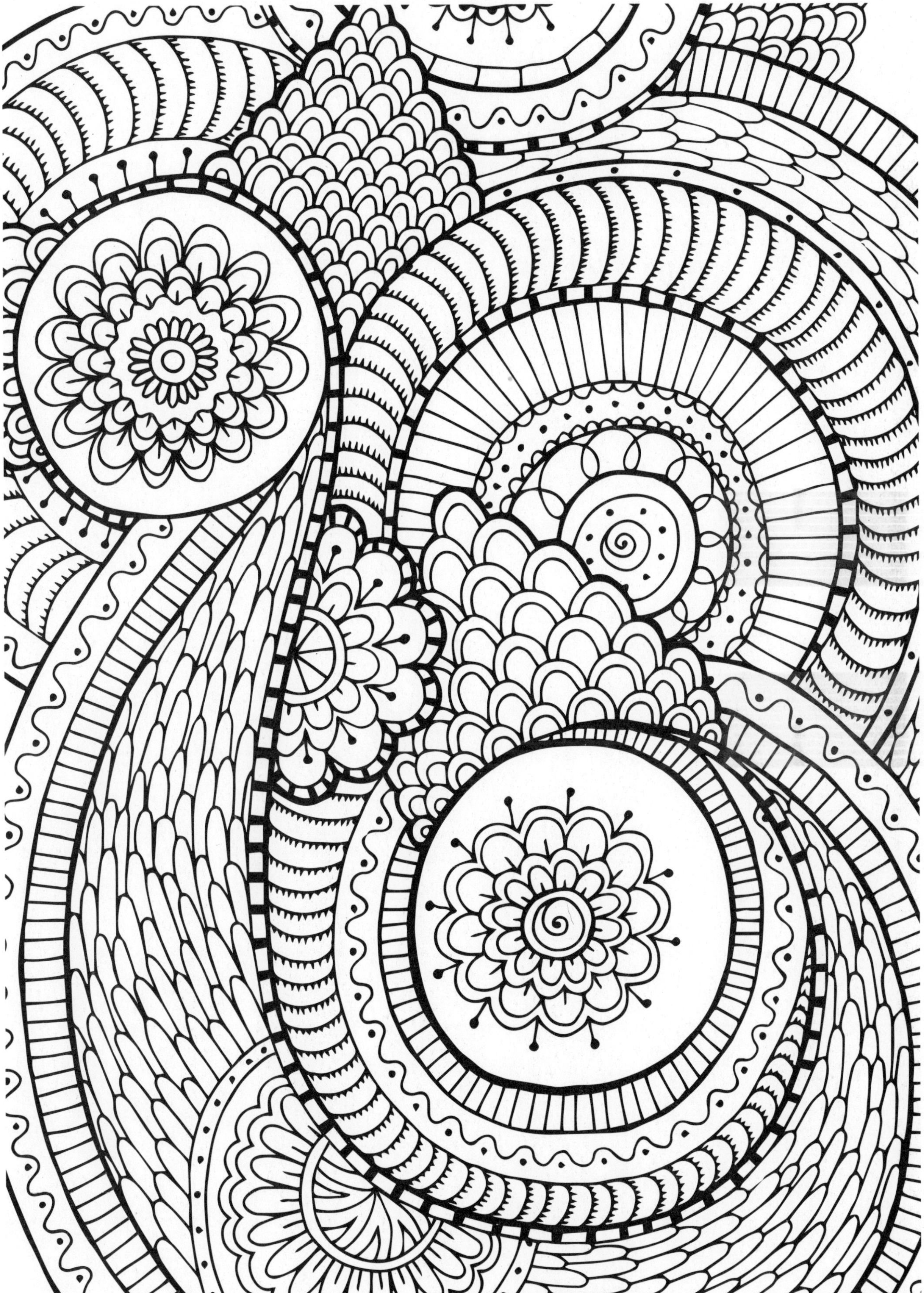

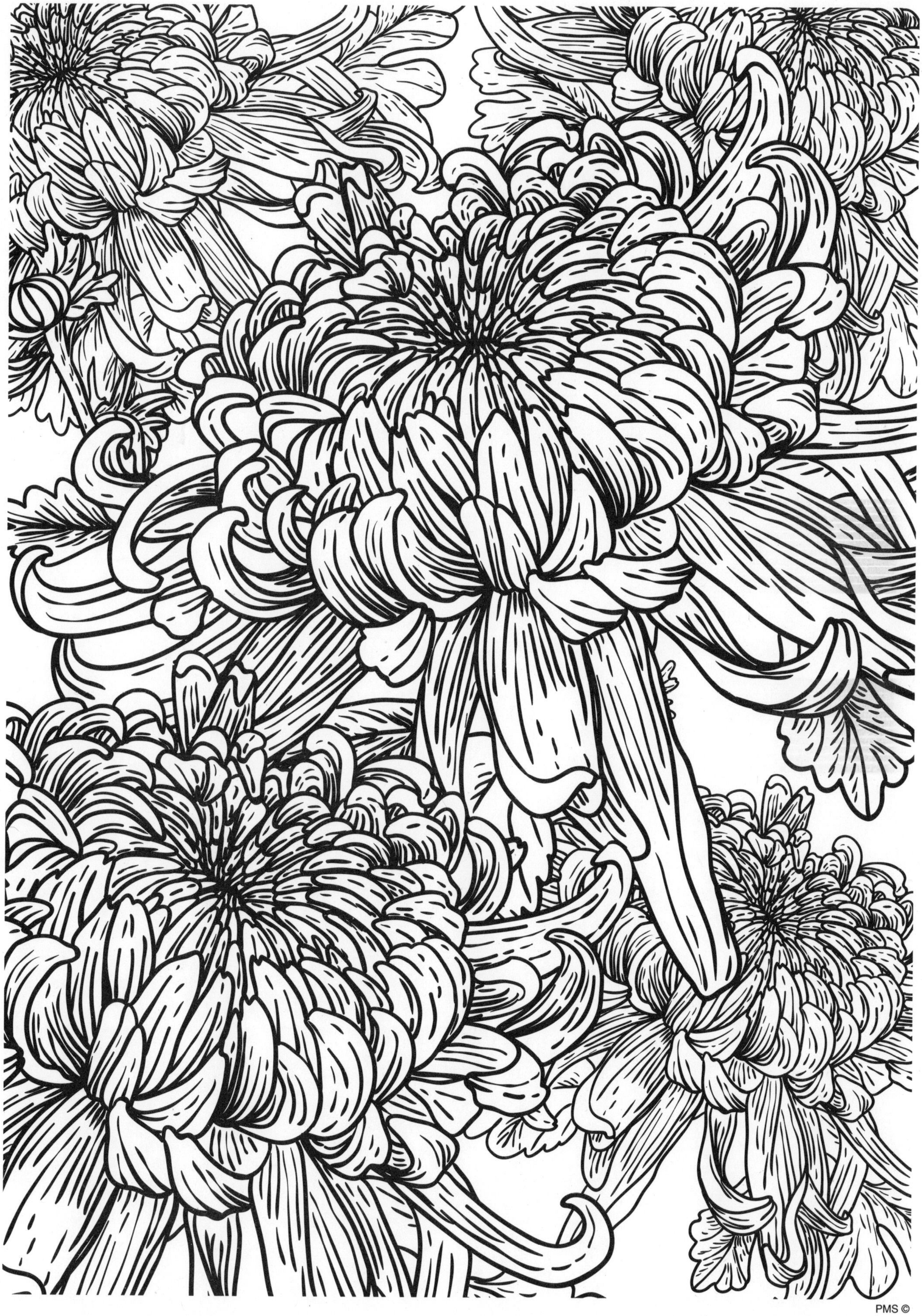

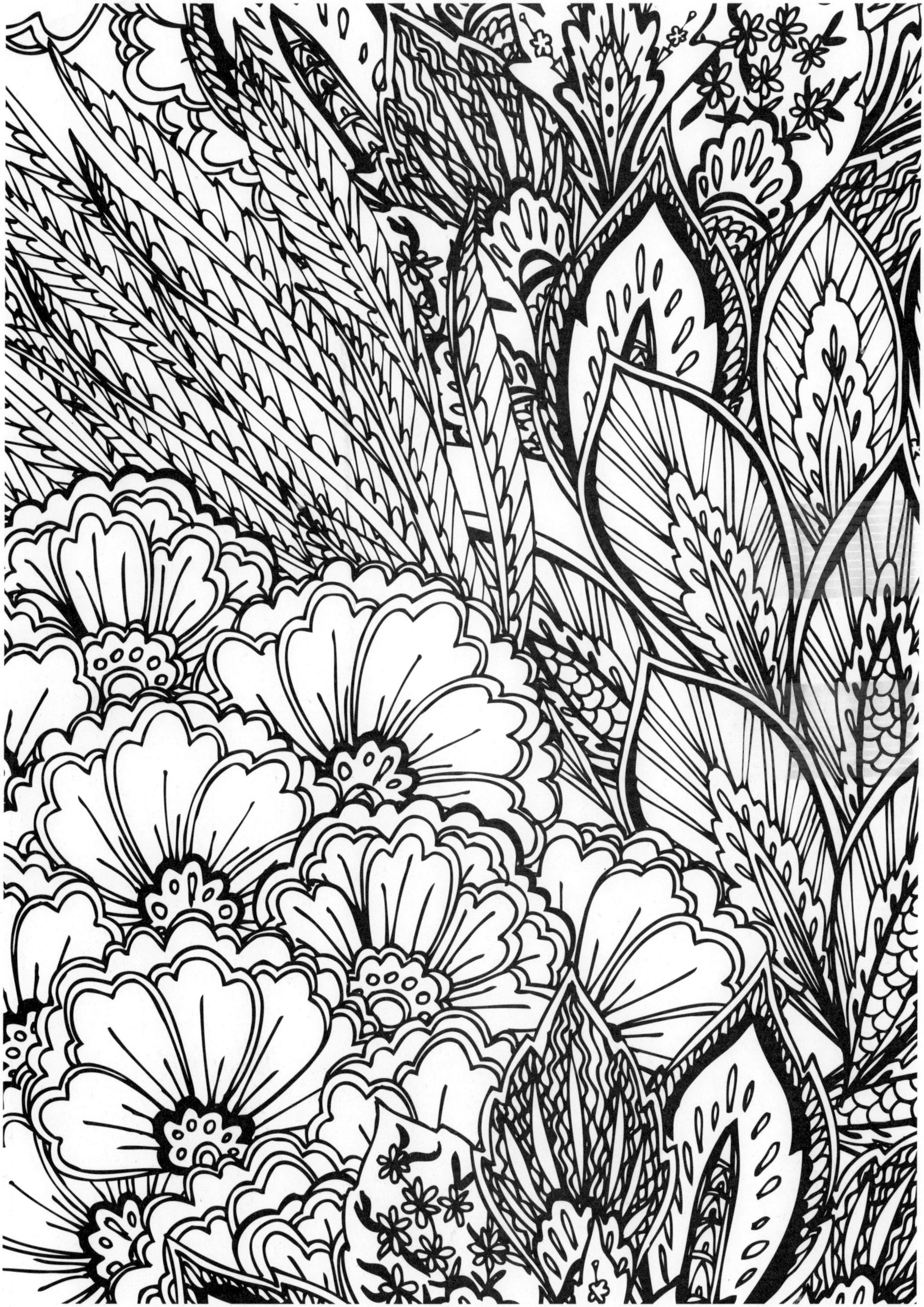